陈总编爱车热线书系

汽车为什么会跑
车身图解

陈新亚　编著

机械工业出版社
CHINA MACHINE PRESS

本书是《汽车为什么会跑：图解汽车构造与原理》升级版的车身分册，它在原来基础上增加了许多汽车车身构造与原理知识介绍，并且仍以大量图画的方式进行讲解，文字通俗易懂，图画形象具体，可以让读者更快、更深入地了解车身构造与原理。本书不仅介绍车身钣金构造，还包括车身外附件、车身内配置，更包括与驾驶有关的电子系统，如车身稳定控制系统、驾驶辅助系统等。

本书适合汽车专业人士、汽车从业人员、汽车相关专业学生及汽车爱好者等阅读使用。

图书在版编目（CIP）数据

汽车为什么会跑：车身图解 / 陈新亚编著. —北京：
机械工业出版社，2014.12（2024.1重印）
（陈总编爱车热线书系）
ISBN 978-7-111-48717-3

Ⅰ.①汽… Ⅱ.①陈… Ⅲ.①汽车—车体结构—图解
Ⅳ.①U463-64

中国版本图书馆CIP数据核字（2014）第280029号

机械工业出版社（北京市百万庄大街22号 邮政编码100037）
责任编辑：李 军 责任校对：高 华 责任印制：常天培
固安县铭成印刷有限公司印刷
2024年1月第1版第7次印刷
184mm×260mm·8.5印张·241千字
标准书号：ISBN 978-7-111-48717-3
定价：39.90元

向汽车专家再靠近点

自《汽车为什么会跑：图解汽车构造与原理》出版后，好评如潮，一版再版，一印再印，至今仍在新华书店、当当网、卓越网、京东商城等高居汽车类畅销书榜首。然而，也有读者表示内容还不够解渴，希望对汽车的构造与原理有更深入的了解。为此，在原来的基础上，又增加了更深层次的内容，并使图片更丰富多彩，由原来的一册内容扩充到一套四册。

《汽车为什么会跑：发动机图解》从发动机的燃烧原理开始，详细介绍发动机的基本构造和原理，以及混合动力和新能源技术等。

《汽车为什么会跑：底盘图解》则主要介绍变速器、传动系统、悬架系统、转向系统和制动系统等。

《汽车为什么会跑：车身图解》的内容更丰富，包括车身结构、车身附件、内饰件、灯光、空调、座椅、驾驶辅助、车轮和轮胎等。

《汽车为什么会跑：设计制造图解》则主要介绍汽车是怎样设计和制造的，包括设计流程、设计方法和手段、样车测试、装配过程等。

通过阅读这四册书，不仅可以让你对汽车构造和原理有更进一步的认识，而且可以使你成为真正的汽车专业人士，并向汽车专家又靠近了一步。

270963083@qq.com

2015 年 1 月 北京

目录 CONTENTS

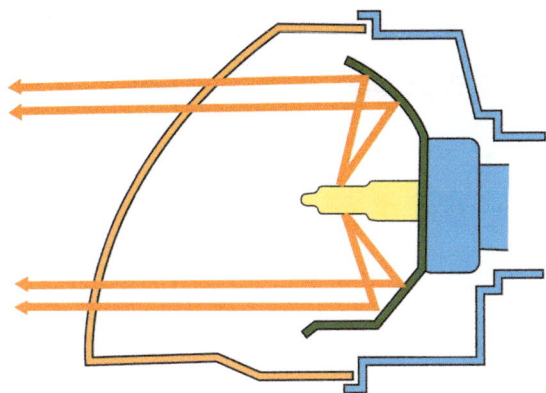

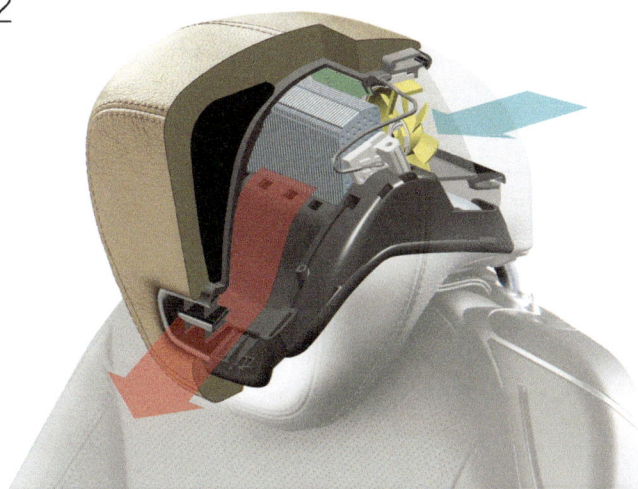

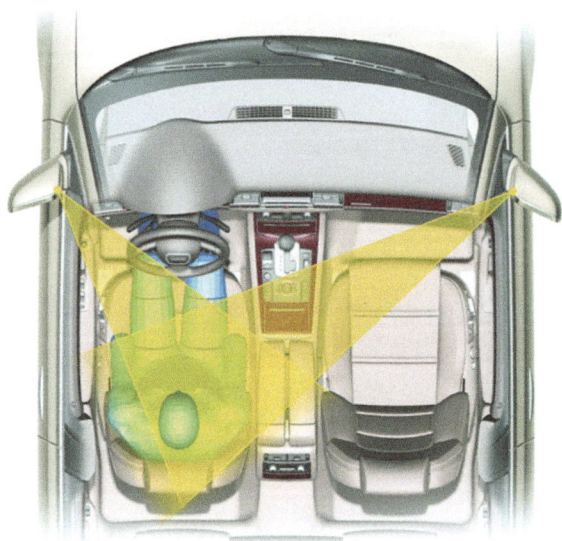

第一章 车身造型

货车 VS 客车 VS 轿车

汽车有很多种分类方法，而且随着一些突破传统车型的推出，汽车越来越难分类。汽车可以分为载货车和乘用车，也就是拉货和载人的两大种类。其中乘用车又可分为大客车、中型客车、小型客车和微型客车，以及轿车、SUV、MPV、跑车等车型。为了简单明了起见，这里把日常使用的汽车分成三大类：

货车类（Truck）：凡是以拉货为主的汽车都称为货车，或载货车，包括大货车、小货车，以及既可以拉货又可以载人的双排货车、皮卡等。

客车类（Bus）：凡是以运客为主要目的的汽车都称为客车，包括大客车、中型客车（中巴）、微型客车（微面）等。

轿车类（Car）：凡是以个人代步工具、商务接待、家庭使用、道路玩乐为主的汽车，都称为轿车，包括三厢和两厢轿车、SUV、MPV、跑车等。

除此以外还有赛车、教练车、专用汽车等，因种类太多而无法一一归类。本套书也主要介绍上述分类中的轿车类车型。

掀背轿车 VS 三厢轿车

掀背轿车（Hatch）

掀背轿车（Hatch 或 Hatchback）是指后风窗设计得非常陡直，而且可以直接向上掀开的两厢小型轿车。这种车型适合个人和家庭用，发动机排量相对较小，经济省油，停车方便，一般为5门5座设计，行李箱和驾乘室相通，很方便在座位上从行李箱取东西。在性能设计上更注重实用性和经济性。

掀背轿车

掀背轿车以小型车为主，常用作家庭车，发动机排量较小，一般为0.8~1.8升

三厢轿车（Saloon）

三厢轿车是最常见的轿车，它的发动机舱、驾乘室、行李箱设置明确清晰，车身两侧各有两个车门。这种车更适合作为公务用车和家庭用车，车身尺寸相对较大，发动机排量一般不会太小，外观造型更注重大气、平稳，内部更注重豪华、舒适，制造工艺和安全配备要求更高。

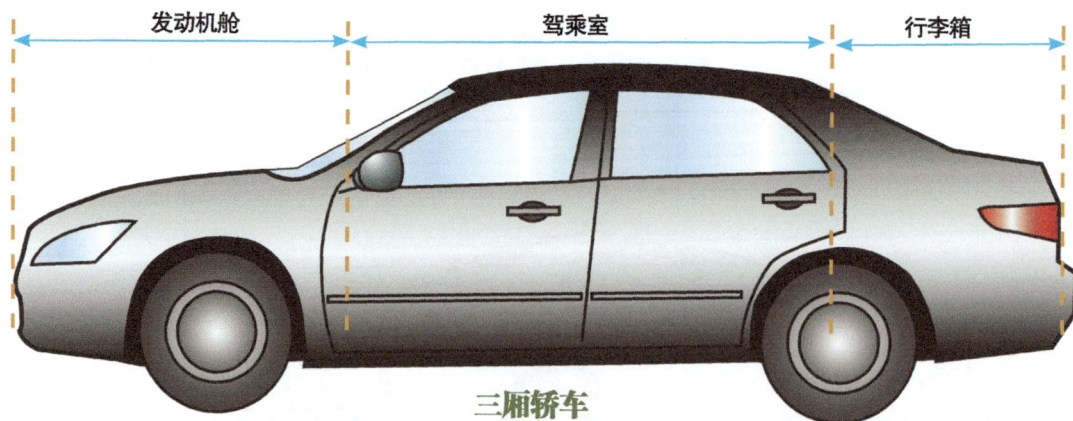

发动机舱	驾乘室	行李箱

三厢轿车

四门三厢式轿车是马路上最常见的车型，前排和后排空间比较均衡，用途广泛，从家用车到豪华商务轿车，都采用这种车身形式

旅行轿车 VS 多用途车

旅行轿车（Wagon）

旅行轿车是在三厢轿车基础上开发的衍生车型。它更适合家庭出游时使用，可以装载更多的行李，实用性更强。它在动力和底盘设计上与三厢轿车基本一致，但对舒适性和实用性的要求更高。

旅行轿车

对于非常喜欢驾车旅游的欧洲人来说，他们更喜欢旅行轿车，不仅仍然保持与三厢轿车基本一样的操控性，而且装载空间较大，实用性非常强

多用途车（MPV）

MPV 是一种以轿车底盘为基础打造的多功能车，发动机舱盖和前风窗一般成一条斜线。它不仅拥有较强的装载能力，可以 5 座或 7 座设计，而且拥有更灵活的内部空间布局，更适合于家庭出游、小公司商务活动等。这种车型对舒适性和装载能力的要求更高。

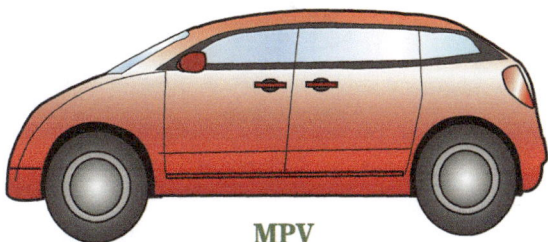

MPV

由于车身外观流线性较强，造型饱满，MPV 一般都被划为单厢式车型

SUV VS 跨界车

运动型多功能车（SUV）

　　SUV 车身高大，驾驶视野好，给人以强大、安全的印象和感觉。多数 SUV 为四轮驱动，离地间隙大，通过性能好，适合坏路或恶劣气候条件行驶。轻型 SUV 常以轿车底盘打造，而重型 SUV 则一般采用非承载式车身，具有硬朗的悬架设定和刚性更强的车身架构。

SUV

为了降低SUV的销售价格，现在两轮驱动的SUV也越来越多

跨界车（Crossover）

　　一些车兼具轿车、MPV 和 SUV 的部分功能和造型，无法把它严格划分为某类车型，只好称它为"跨界车"。这类车一般为两驱、两厢、五门造型，其底盘比一般轿车高，但比 SUV 低。

跨界车

越野车 VS SUV

越野车（Offroader）

越野车主要是指通过能力非常强的车型。越野车的造型线条突出，风格硬朗，车身离地间隙较高，具有较大的接近角、离去角，轴距相对较短，动力较强，四轮驱动系统性能卓越，一般都配备前、后、中三个差速器锁。有时很难区分越野车和SUV，但越野车是以通过能力为第一诉求的车型，如奔驰G、北京勇士等。

越野车

轿跑车 VS 跑车

轿跑车（Coupe）

在三厢轿车中还有一种后风窗坡度比较小、后背造型非常流线化的车型，而且它的后风窗可以和行李箱盖一起打开，这种车型又称快背轿车（Fastback）或遛背轿车。如果这种车型的车身两侧各有一个车门，那么它们又被称为轿跑车（Coupe）。但现在四门轿跑车车型也越来越多。

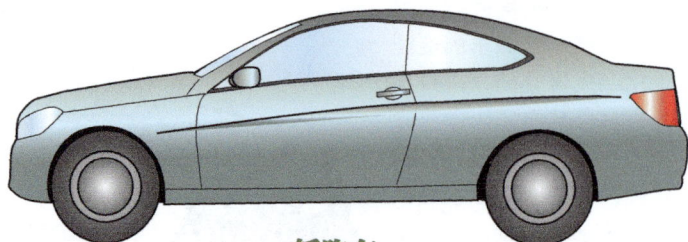

轿跑车

轿跑车最典型的特征是只有两个车门

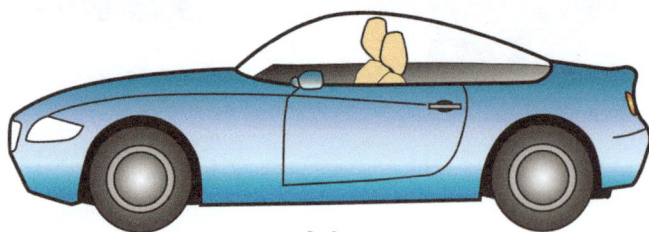

跑车

跑车（Sport Car）

跑车更强调超高的运动性能和更炫目的外观设计，动力强大，操控性高，风阻系数小，悬架硬朗，轮胎大、宽、扁，车身离地间隙较小，行李箱空间狭小，一般只有两座，产量较小，售价较高，更适合超级汽车发烧友驾驭。

敞篷轿车 VS 敞篷跑车

敞篷轿车（Convertible）

　　敞篷车分敞篷跑车和敞篷轿车两种，敞篷轿车的英文为Convertible，也称Cabriolet。敞篷轿车的动力未必如何强大，但外观造型设计一定有个性、比较新潮。它们一般和轿车共平台，动力、底盘甚至部分车身等都与三厢轿车采用同样的部件，但一般采用两门、四座设计，也称2+2座位。在中国，敞篷轿车销量较低，相对而言，它更受中国女性喜爱。

敞篷轿车

敞篷跑车（Roadster）

　　跑车的敞篷款车型称为Roadster。它们的底盘、发动机及车身造型和同款跑车基本一样，而且只有两个车门、两个座位。但由于增加了顶篷开关和收纳机构，增加了重量，因此它们0-100公里/小时的加速成绩往往要比同款跑车稍差一些。

敞篷跑车

单厢 VS 两厢 VS 三厢

为了更好地描述汽车造型特征，可把汽车按"厢"分类。一般把汽车的发动机舱、驾乘室和行李箱分别称为汽车的"厢"。

从外形上看，如果这三个厢整合在一起（实际上三个厢都存在），就称为单厢车。最典型的单厢车是原来的齐头微型面包车，它的发动机舱、驾乘室和行李箱都在一个车厢内。另外，一些流线性特别强的MPV也可称为单厢车。

如果驾乘室和行李箱在一个厢内（也就是两者是畅通的），那么就称为两厢车。相对而言，两厢车可以装载体积更大或更长的物件，而且在车内就可以从行李箱取放东西。一般SUV、旅行轿车和小型家用车都是两厢车型。

如果三个厢从外形上看非常分明，中间的驾乘室明显高于前端的发动机舱和后面的行李箱，那么就称为三厢车。

还有一种两厢半车型，也就是后风窗非常倾斜，行李箱也非常短，就称其为两厢半车型，但它应属于三厢车型。

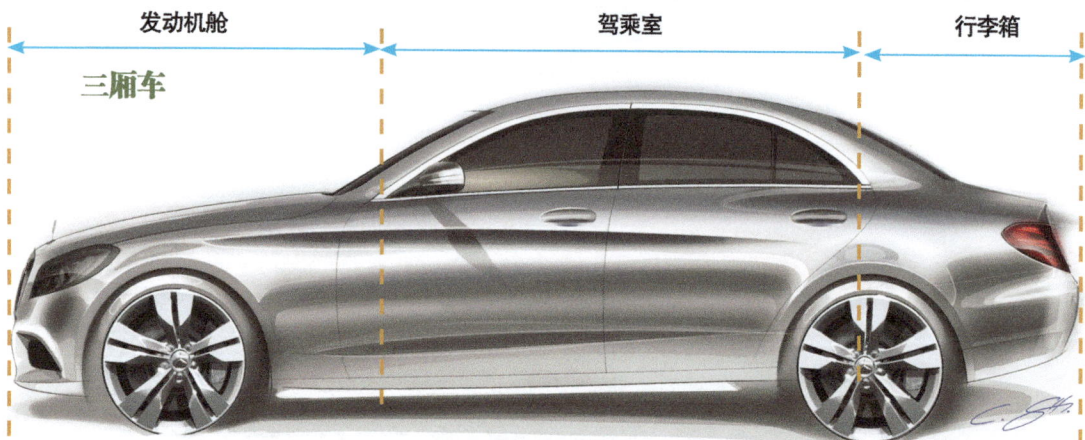

发动机舱+驾乘室+行李箱

单厢车

发动机舱　　　　　驾乘室+行李箱

两厢车

发动机舱　　　驾乘室　　　行李箱

三厢车

座位布置 **VS** 装载能力

毫无疑问，车厢较大的 MPV 在座位数量和座位布置灵活性上都占有明显优势。一般 MPV 有 5~7 个座位，而且以 3 排 7 座居多。它们的后两排座椅可以灵活调节，一些车型的第二排座椅甚至可以反转，与第三排相对而坐，围成一个会议室。如果把第二或第三排座椅放倒，还可以装载较大较长的物件。

其次是两厢车型，它们一般是 5 座，也有大型 SUV 或旅行轿车采用 3 排 7 座形式。两厢车的第二或第三排座椅可以放倒铺平，后门又可以向上完全掀开，因此两厢车型可以和 MPV 一样装置更大、更长的物件。

在座位布置的灵活性和装载能力方面，三厢轿车明显处于弱势，它的行李箱与驾乘室不相通，而且只有两排座椅，可乘坐 4~5 人，其中前排是两个独立的座椅，第二排可乘坐 2~3 人。

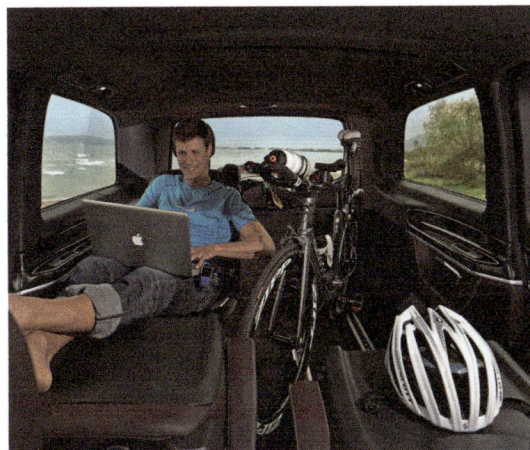

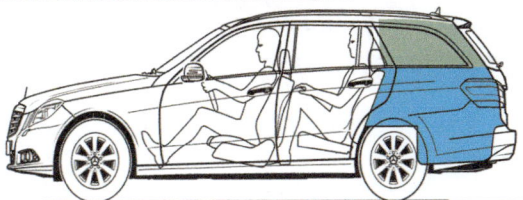

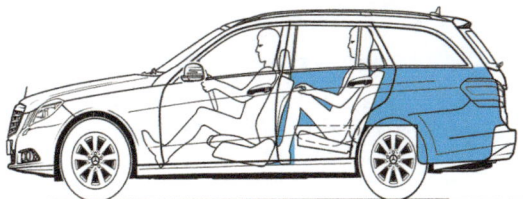

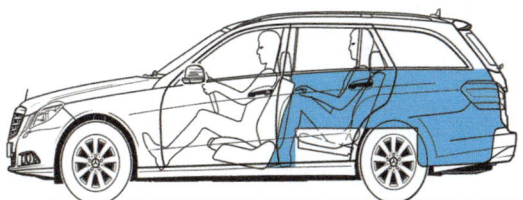

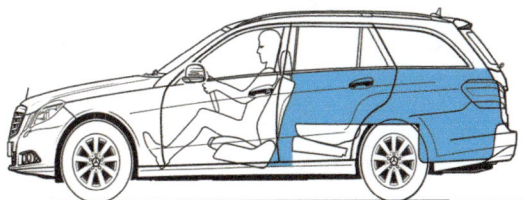

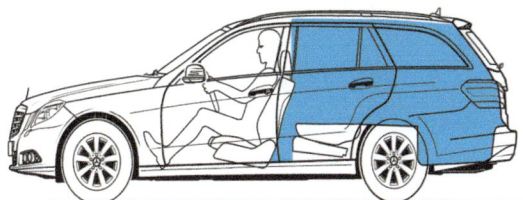

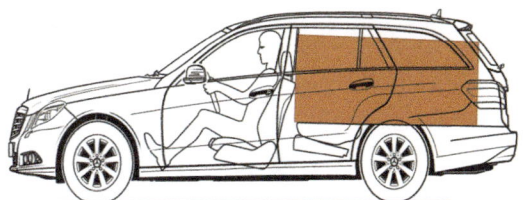

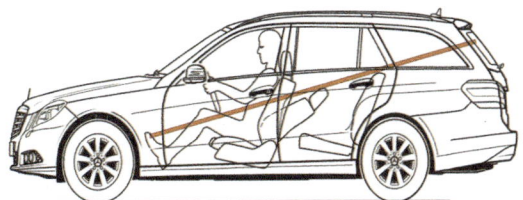

两厢车和单厢车的最大优势是内部空间可以灵活调整和布置，而且可以装载大形物件和比较长的物件（如最下面图示）

两门 VS 三门 VS 四门 VS 五门

跑车基本都是两门车型

汽车也可以按"门"的多少来进行分类。两侧的车门比较明显，很容易确定，但尾门容易被人忽略。如果汽车的行李箱盖可以连同后风窗一块打开，也就是行李箱盖可以一直掀到车顶，那么就可以把这个行李箱盖称为一个"门"，或称为"后门"。

两门：如果汽车只有两个侧门，如一些跑车和轿跑车，它们就属于两门车型。

三门：拥有两个侧门（一边一个）的两厢车，加上它的"后

这种三门的两厢车在国内比较少见

这种四门的三厢轿车是最常见的车型

门"，那它就是三门车。

四门：如果有四个侧门，一边两个，而且行李箱盖不能连同后风窗打开，那么就称为四门车。三厢轿车绝大多数都是四门车，但有个别轿车的行李箱盖和后风窗可以一起打开，

如斯柯达明锐等，就是五门车了。

五门：绝大多数的两厢轿车，包括SUV、MPV、旅行轿车等，它们都拥有四个侧门（一边两个），和一个"后门"，它们就是五门车型。

旅行轿车都是五门车型，装载东西非常方便

这种可以将行李箱盖与后风窗一起打开的三厢轿车，称为五门车型

车身尺寸 VS 基本参数

现在全世界各汽车厂商在汽车车身规格的标注方面基本上都统一了，尤其是车身总长、轴距、轮距、前悬、后悬等规格上都完全一样。但在车身总宽和总高上稍有区别，有的包括后视镜和车顶行李架，有的则不包括。因此，包括后视镜或车顶行李架的一般都要加以注明。

在测量车内空间时，由于车门内侧有扶手，座椅又能多方向调节等，在测量内部空间尺寸时也稍有区别。

（单位：毫米）

车高 1465

前轮距 1549
车宽（含后视镜）2017

后轮距 1520
车宽 1814

前排头高 983
后排头高 980
行李箱进深 590
1084

接近角
886 前悬
轴距 2686
后悬 1087
12.3° 离去角
车身总长 4659

前排宽 1454
后排宽 1449
1010

四轮驱动汽车 **VS** 性能参数

四轮驱动汽车对通过性特别重视，而通过性与车身外形尺寸参数有很大关系，汽车的外形尺寸甚至直接决定了汽车的通过性能，如最小离地间隙、接近角和离去角、纵向通过角等。

37.1°　纵向通过角　23.5°　39.8°

离去角　　　　　接近角

最小离地间隙

最大侧倾角

40%
Side Slope

最大爬坡度

60%
Grade Capability

最大爬坡度

汽车的最大爬坡度有两种表述方法：一是百分比坡度，它是指坡道的垂直高度与坡道的水平距离之比值，如30%，即表示此坡度为每前进100米，坡度便升高30米；另一种表述方法是坡道的倾角度。

它们两者之间的关系是一种三角函数(正切)关系，具体换算见右表。

角度 /(°)	百分比（%）
15	26.8
20	36.4
25	46.6
30	57.7
35	70.0
40	83.9
45	100

涉水深度

第二章 车身构造

车身面板 **VS** 汽车皮肤

人的身体是靠206块骨骼支撑，所以才能站立和行走，然而每个人的骨骼架构并不一样，因此才会有不同的身材和长相。汽车也是一样，它的身材和长相也由其表皮下面的骨骼架构决定的。

你看到的车身面板只是汽车的"皮肤"，其实它的厚薄甚至强度如何，对汽车的安全性没有太大影响。你看到的所有车身面板，只是起到防风挡雨和美观的效果，它们都焊接固定在特别设计的钢铁骨架上。

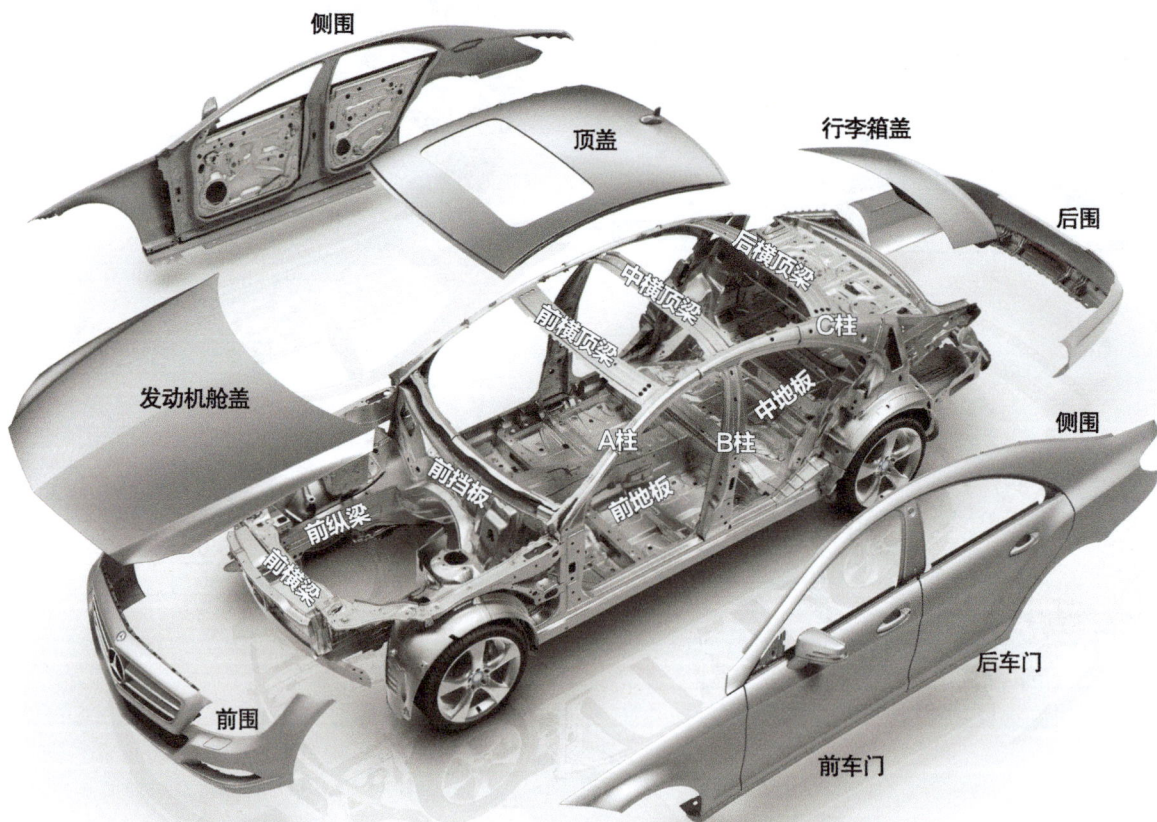

奔驰轿车车身构造示意图

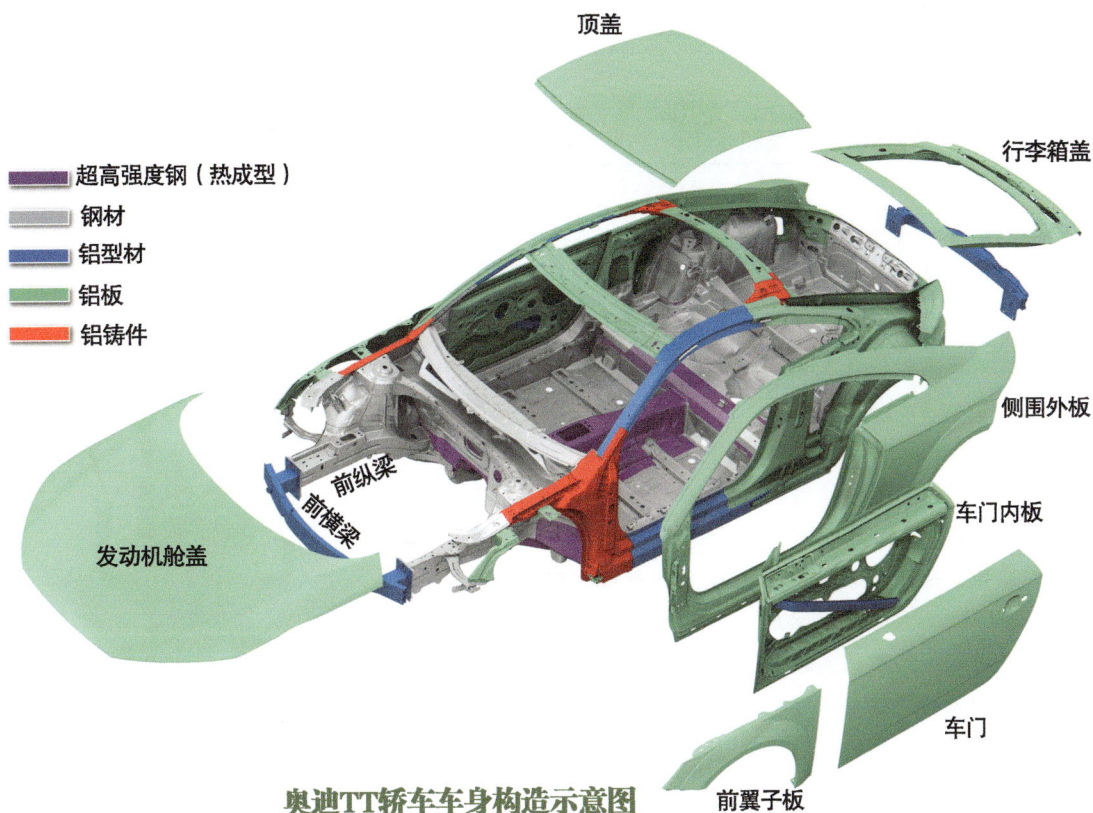

超高强度钢（热成型）
钢材
铝型材
铝板
铝铸件

顶盖

行李箱盖

侧围外板

车门内板

前纵梁
前横梁

发动机舱盖

车门

前翼子板

奥迪TT轿车车身构造示意图

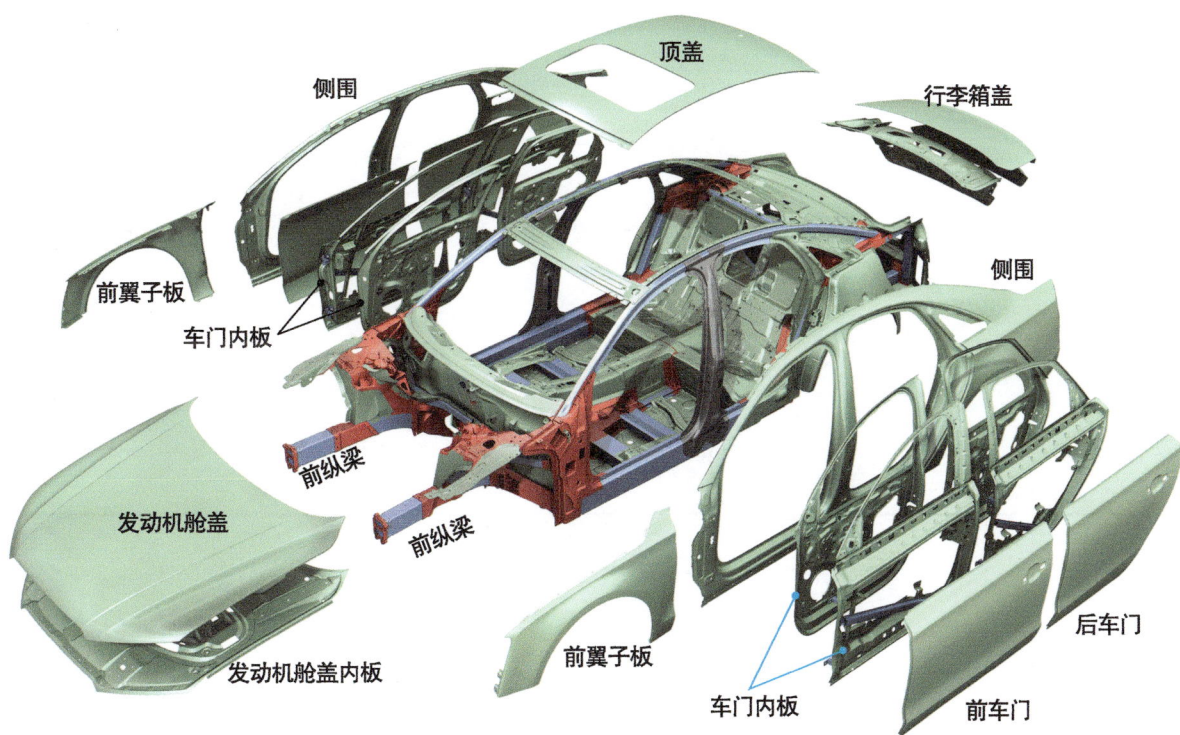

侧围

顶盖

行李箱盖

前翼子板

车门内板

侧围

发动机舱盖

前纵梁

前纵梁

发动机舱盖内板

前翼子板

后车门

车门内板

前车门

奥迪A8轿车车身构造示意图

承载式车身 VS 非承载式车身

根据车身骨架的不同，可把车身分为承载式车身和非承载式车身。

承载式车身的汽车没有刚性车架，发动机、前后悬架、传动系统的一部分等总成部件都装配在车身上，车身负载通过悬架装置传给车轮。说白了，承载式车身就是整个车身为一体，没有所谓的大梁，悬架直接连在车身上。现在普通轿车几乎都采用承载式车身，你打开发动机舱盖，就会发现前悬架连在前翼子板内侧的车身上。承载式的车身优势：公路行驶非常平稳，整个车身为一体，固有频率振动低，噪声小，重量轻，比较省油。缺点就是底盘强度远不如有大梁结构的非承载式车身，当四个车轮受力不均匀时，车身会发生变形。

非承载式车身的汽车有一个刚性车架，又称底盘大梁架，发动机、传动系统、车身等总成部件都固定在车架上，车架通过前后悬架装置与车轮连接。

承载式车身就像是甲虫的身体，主要依靠外壳本身来承载重量

承载式车身结构

说白了，非承载式车身就是有大梁的车身结构，发动机、传动系统、悬架，甚至车身等都固定在车架上。如果你弯下腰看看车底的话，会发现有贯穿前后的两个纵梁。

非承载式车身的优点是底盘强度较高，抗颠簸性能好，四个车轮受力即使再不均匀，也是由车架承担，而不会传递到车身上去，因此车身不易扭曲变形。非承载式车身比较笨重，质量大，高度高，一般用在货车、客车和越野车上。但也有部分高级轿车使用，这是因为非承载式车身具有较好的平稳性和安全性。

打个比喻的话，承载式车身更像是甲虫的身体，车身承担更大的重任；而非承载式车身更像是大象的身体，它的骨架承载主要重任。也正因为如此，承载式车身只适用于小型车辆，如普通轿车等。而大型轿车、越野车、货车和大客车等，则采用非承载式车身的形式。

非承载式车身就像是大象等动物的身体，主要依靠骨骼来支撑身体的重量

车架横梁

车架纵梁

车架横梁

非承载式车身结构

正面防护 VS 溃缩吸能设计

汽车碰撞中，最重要的是保护车内驾乘人员的安全，因此，在碰撞中驾乘室的变形越小越好。在汽车受到正面撞击时，让传递到驾乘室的撞击力越小越好，最好是前面的构造能"舍己救人"，自己先溃缩，吸收一部分撞击能量。

撞击后驾乘室不变形或少变形是安全车身追求的最佳效果，这样可以保护车内驾乘人员不受伤害或少受伤害。而对于发动机舱被撞得如何"惨不忍睹"，都无所谓了

正面碰撞时溃缩吸能示意图

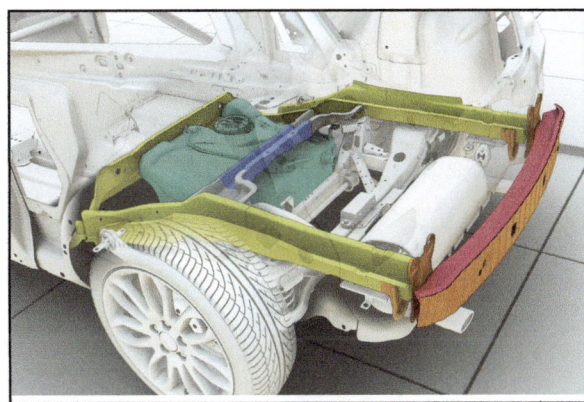

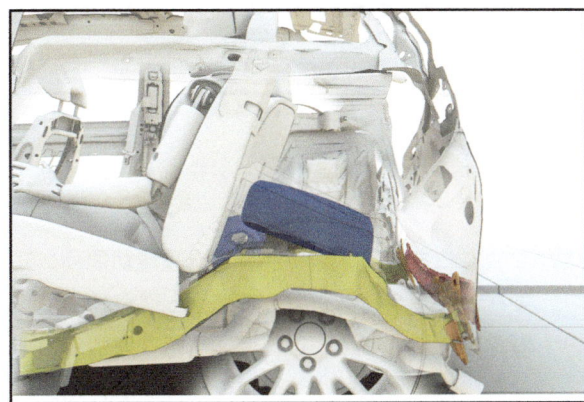

追尾碰撞时溃缩吸能结构示意图

保护驾乘室不变形有两招

当汽车受到撞击时,能保护好车内驾乘人员不受伤害是最大的理想追求。现在的汽车厂商在设计车身时都会从两方面应对此事:

一是让驾乘室非常坚固,让外力不容易使其变形,如赛车的车身防护,就是加装许多防滚杆,让驾乘室成为一个无比坚固的笼子。

二是减小外部的撞击力,现在汽车厂商采用的实际办法也有两个:一是将发动机舱的车身部分设计成具有吸收撞击能力的结构,如采用强度不是特别高的钢材,或在纵梁上设计一些褶皱,使其在受到撞击时能够快速溃缩,从而吸收撞击能量;二是将撞击力分散开来,不让撞击力集中撞向驾乘室的要害部位。

如左图中红色纵梁就是一个吸能设计,当汽车受到正前方撞击时,它的前部会自动溃缩,但其后部并无变形。同时发动机托架也自动下沉,使发动机和变速器降落到车底部,避免发动机挤向驾乘室。

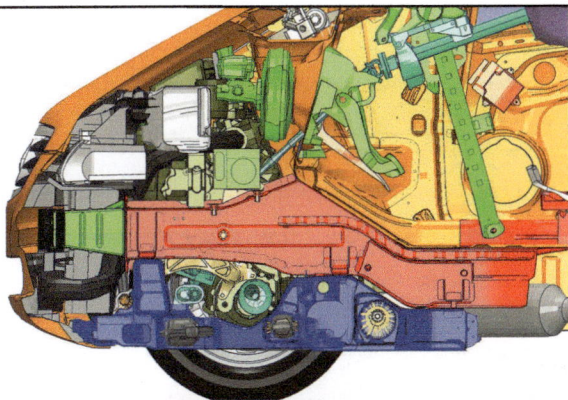

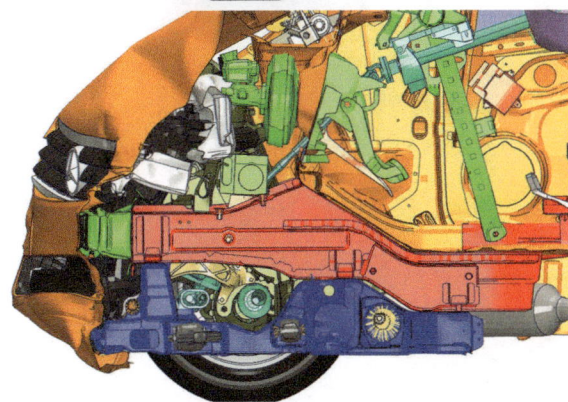

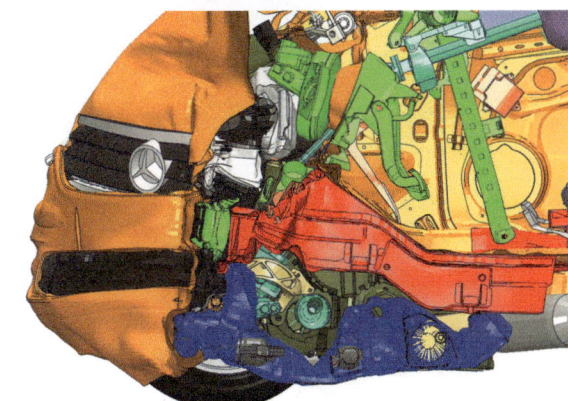

碰撞防护 VS 冲击力分散

为了保护驾乘室中的驾乘人员，当汽车受到正面、侧面和后面的撞击时，利用巧妙的车身构造设计，还可以将撞击力分散、转移到更大范围，从而减轻驾乘室的变形，保护车中驾乘人员安全。

使冲击力分散和转移，就好像是武林高手在与人过招时知道避开或化解对手的打击力一样，将对手强大的力量化解，从而保全自己不受伤害。

吸能区

在汽车前部，除了使其具有吸能功能外，还要尽量将剩余的撞击力分散开来，避免集中撞击驾乘室的某个部位。这样传递到驾乘室的撞击力就很小，使驾乘室不变形或少变形。这样就要求汽车前部的车身强度不能太大，否则无法吸收撞击能量；但也不能太小，否则无法向两边分散撞击力。只有通过精确计算、巧妙设计、合理用材，才能达到既吸能，又能分散和转移撞击力的作用。

A柱

车门横梁

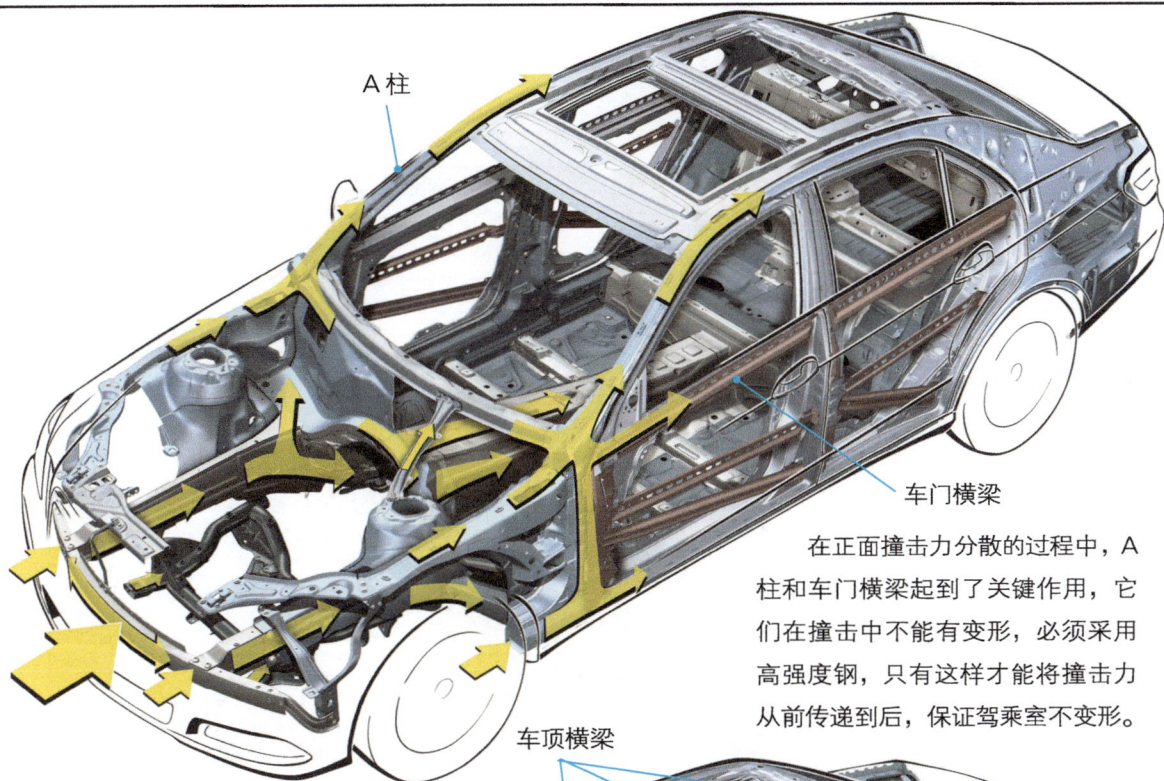

在正面撞击力分散的过程中，A柱和车门横梁起到了关键作用，它们在撞击中不能有变形，必须采用高强度钢，只有这样才能将撞击力从前传递到后，保证驾乘室不变形。

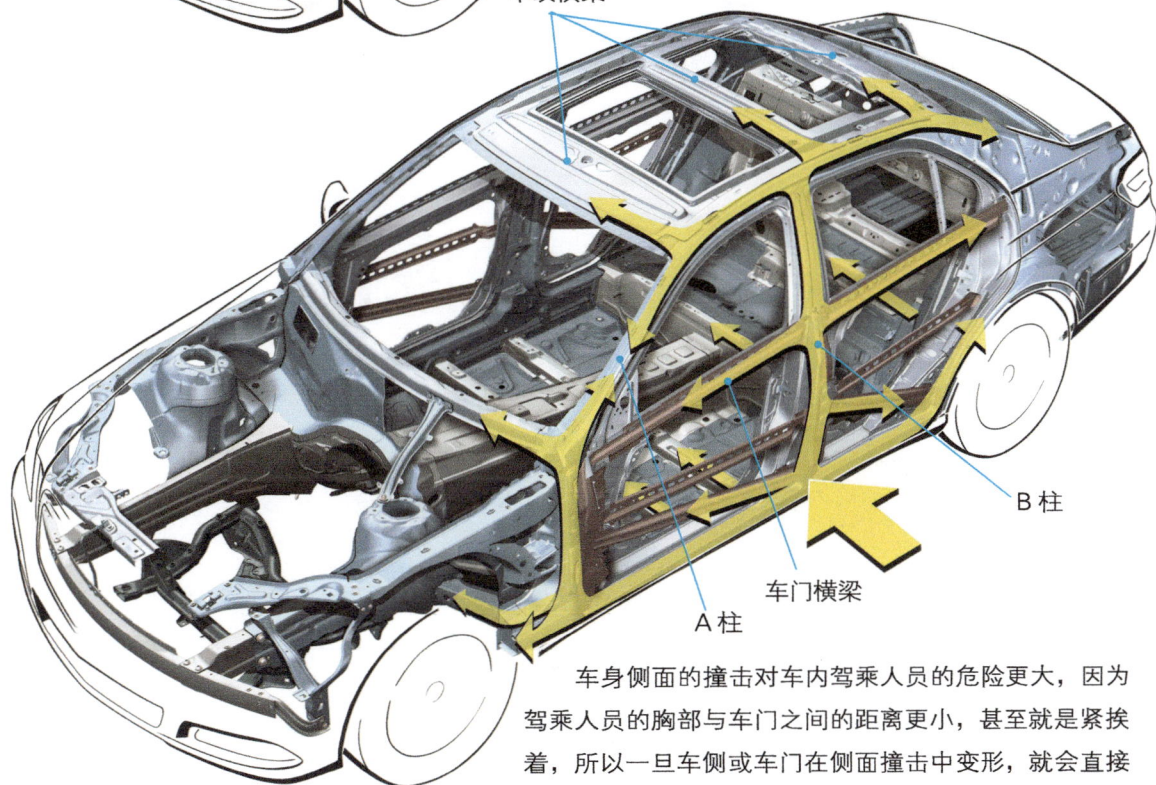

车顶横梁

B柱

车门横梁

A柱

车身侧面的撞击对车内驾乘人员的危险更大，因为驾乘人员的胸部与车门之间的距离更小，甚至就是紧挨着，所以一旦车侧或车门在侧面撞击中变形，就会直接导致车内人员受到严重伤害。

为了防止侧面撞击对驾乘室的冲击，应尽量将侧面撞击力分散和转移，不让撞击力传递到驾乘室内。为此，B柱、A柱及车顶横梁要用高强度钢制作。

侧撞防护 VS 车门防撞杠

当汽车受到侧面撞击时，车门很容易受到冲击而变形，从而直接伤害到车内人员。汽车厂商为了提高汽车的安全性，便在车门夹层中间放置一两根非常坚固的钢梁，即车门防撞杠。这样当汽车受到侧面撞击时可减轻车门的变形程度，从而起到对驾乘人员的保护作用。

车中的驾乘人员在受到侧面撞击时更危险，因为驾乘人员的身体与车门间没有多大空隙，它不像受到正面撞击时至少驾乘人员前方还有一定的空间作为缓冲，侧面受到撞击时几乎没什么缓冲的余地，驾乘人员的胸部直接就会受到外力的伤害。因此，车门防撞钢梁就成了最重要的防线，是驾乘人员的贴身保镖。

如果受到较严重的碰撞，这些面板就无法阻挡撞击力了，因为它们很薄，而且强度较小，很容易被外力穿透

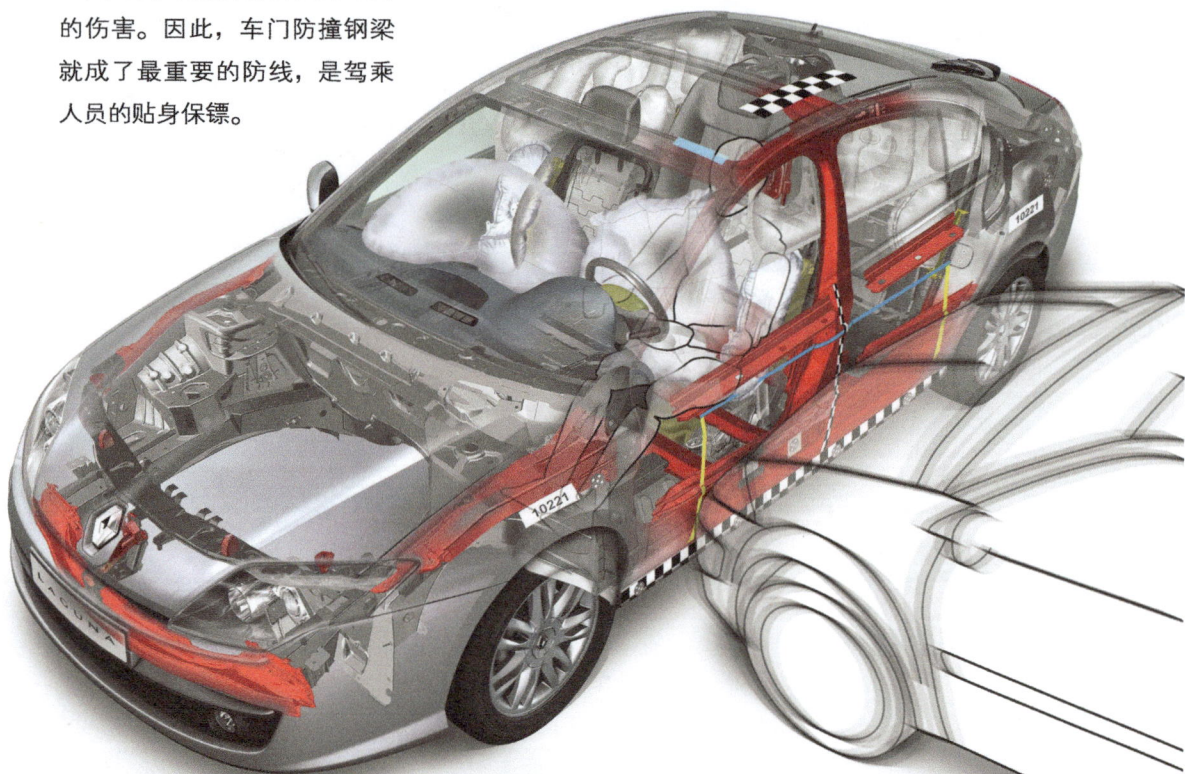

车内的驾乘人员在受到侧面撞击时更危险，因为驾乘人员的身体与车门间没有多大空隙

Y形车门防撞梁

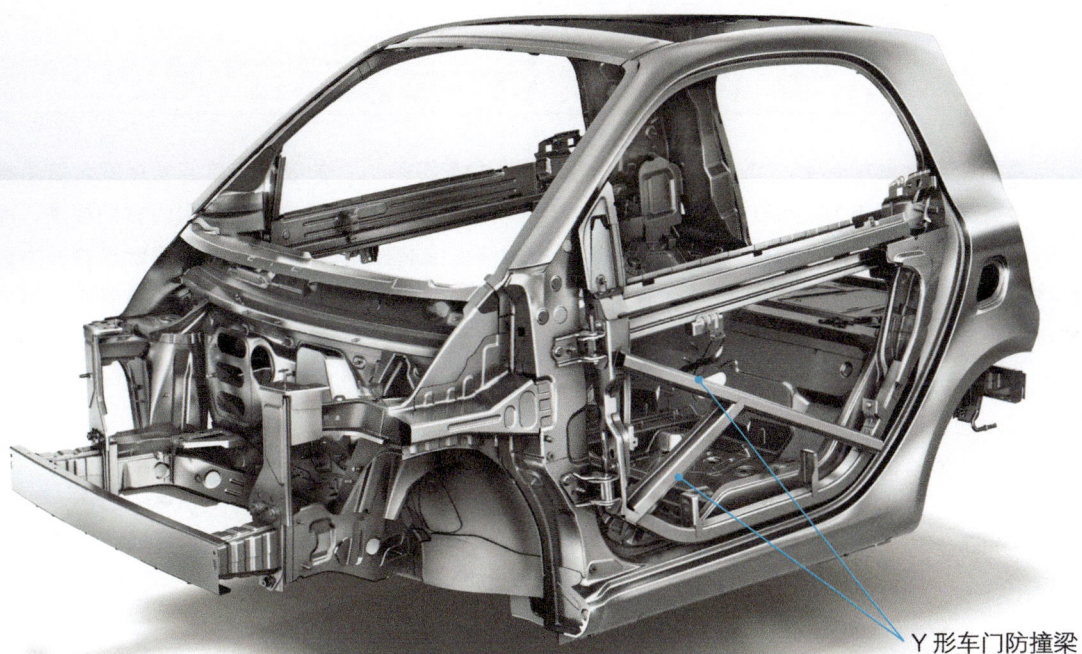

SMART汽车车门防撞梁构造

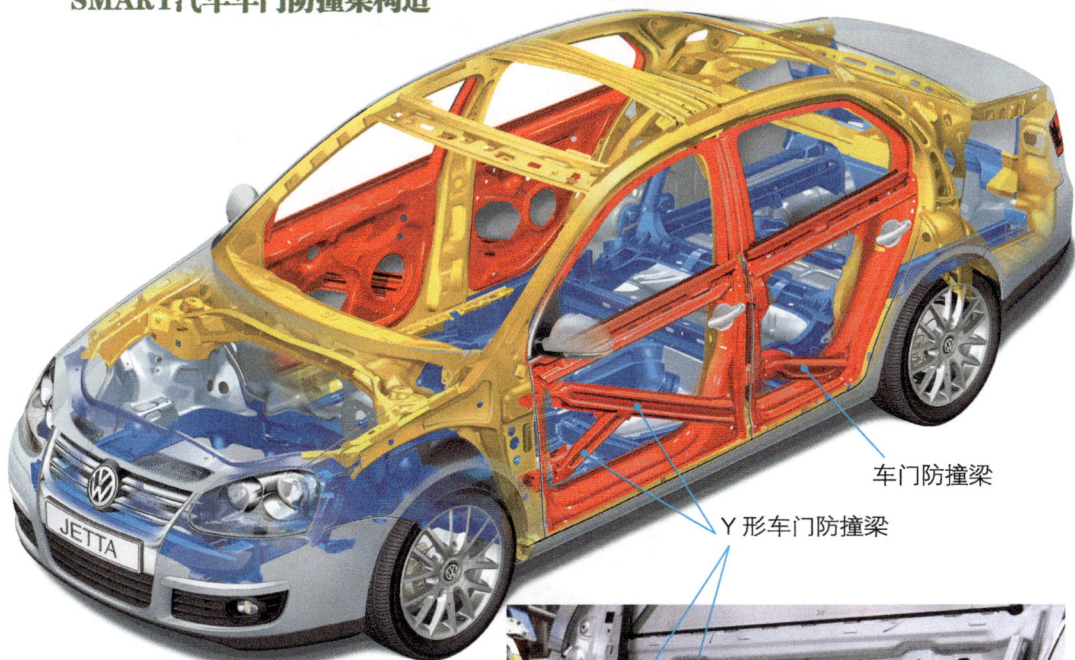

JETTA

车门防撞梁

Y形车门防撞梁

使用两根异形钢板制作成Y形车门防撞梁，是车门最佳防护方案之一。一些车型只设置一根防撞梁（如此车后车门防撞梁），或使用细钢棍制作成一根防撞梁，相比而言，其保护效果都不如这种Y形防撞梁好。

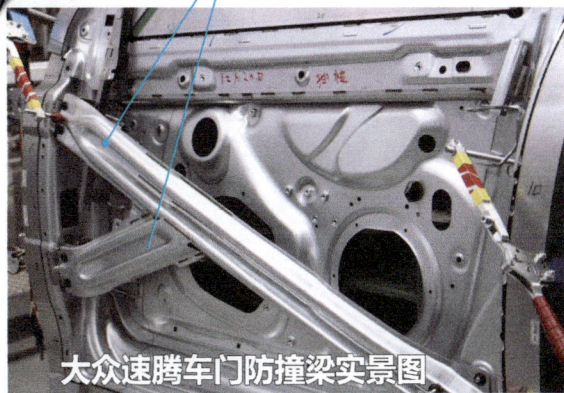

大众速腾车门防撞梁实景图

车身骨架 VS 鸟笼结构

　　为了使车身更加安全，分散来自各方向的撞击力，现在的汽车厂商在设计汽车时往往都要把车身做成像一个鸟笼子那样，也称为"网状交叉式设计"。这种钢制安全车厢能按照设计师预先设计的方向传递撞击力，从而将强大的外力分散到多个钢梁上，帮助乘员抵抗极大的撞击力，使他们免受伤害。

　　当汽车受到轻微碰撞时，车身最外面的钢板可能会起一定的保护作用，不让碰撞物进入到车内。但如果受到较严重的碰撞，这些面板就无法阻挡撞击力了，因为它们很薄，而且强度较小，很容易被外力穿透。这时就只能是面板下面的骨架出来阻止撞击力了。

大众高尔夫车身安全设计构造图

奔驰GL级车身安全设计构造图

敞篷汽车 VS 防翻滚杆

对于敞篷汽车来说，由于它的车身不是封闭式的，而是"开口"的，当它翻车时，没有较硬的车顶来保护车中驾乘人员，致使驾乘人员处于十分危险的境地。因此，许多敞篷汽车都设计有防滚杆，在翻车时可以起支撑作用，以保护驾乘人员的安全。自动防滚杆就是在翻车时，可以自动升起一定高度，以提高它对驾乘人员的保护能力。

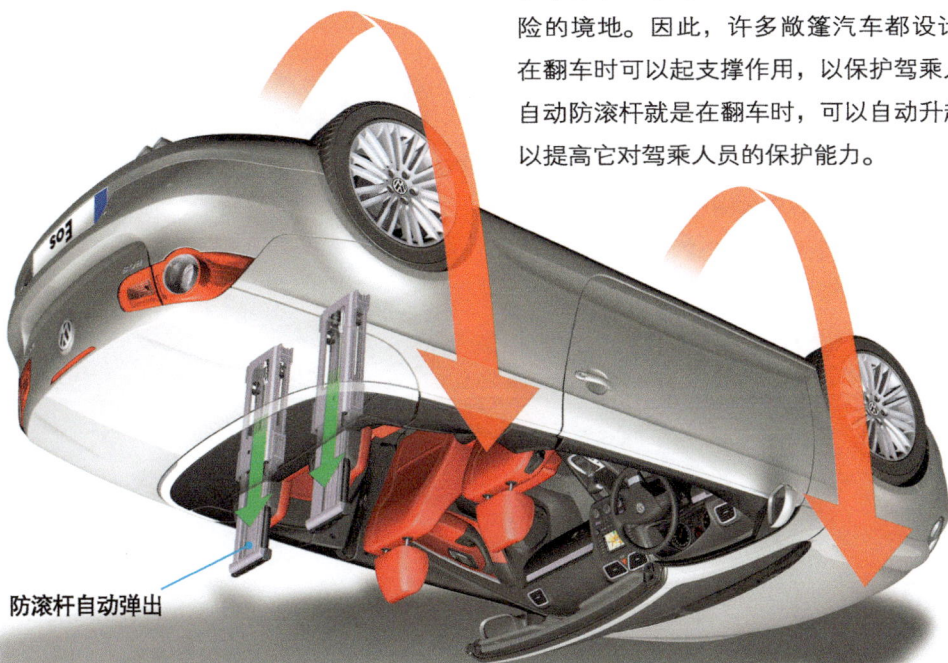

防滚杆自动弹出

汽车翻滚时防滚杆自动弹出示意图

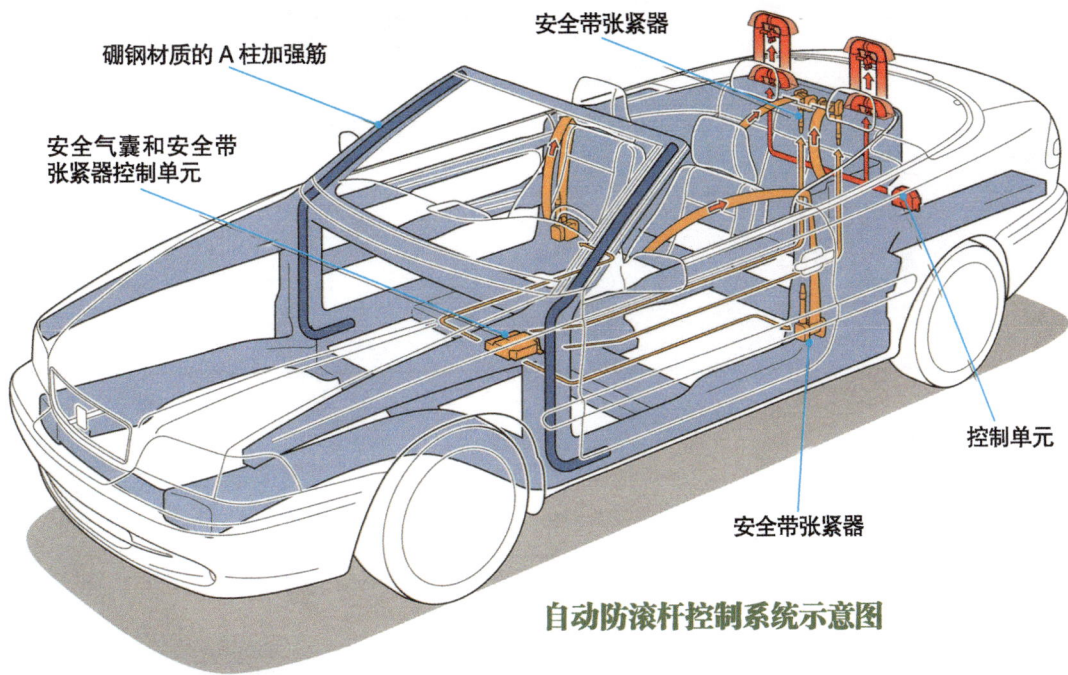

硼钢材质的 A 柱加强筋

安全气囊和安全带张紧器控制单元

安全带张紧器

控制单元

安全带张紧器

自动防滚杆控制系统示意图

高刚性车身 VS 高强度钢

刚性是指物体受力后抗变形的能力。车身刚性则是指在施加不至毁坏车身的普通外力时车身不容易变形的能力。高刚性车身具有极高的抗扭曲和抗弯曲的能力，反之亦然。当汽车行驶在凹凸不平的地面时，刚性差的汽车车身会发出"嘎吱嘎吱"的响声，因为这样的车身此时扭曲较严重，从而使一些装配部位产生摩擦。

在汽车高速转弯时，车身的刚性优劣也会暴露无遗。车身刚性好的车辆在过弯时其行驶稳定性会比较好，反之亦然。

为了保证车身具有较高的刚性，最可靠的手段就是采用高强度钢材来打造车身的关键部位，而在对刚性没有影响或影响较小的部位，则采用普通钢材或材质来制作。

行李箱盖可以采用合成材料制造

驾乘室骨架结构，采用强度最大的钢材制造，以保证驾乘室在受到撞击或翻滚时不变形

对驾乘室起保护作用的主要是车身骨架，而车门外板对汽车的安全性能影响不大，可以采用铝板制造

普通钢

高强度钢

中高强度钢

超高强度钢

铝

合成材料

镁压铸件

奔驰CL双门轿车轻量化车身设计构造图

高刚性车身 VS 加强梁

当汽车行驶在不平路面上时，其车身会因受力不匀而发生扭曲，如果车身刚性不强，车身钢板就会产生扭曲，使车身之间产生干涉或声响。提高车身刚性的办法除了前面介绍的采用高强度钢材外，还可以增加一些横向加强梁或纵向加强梁，以及嵌入到车身内的一些加强筋，从而提高车身的抗扭曲能力。

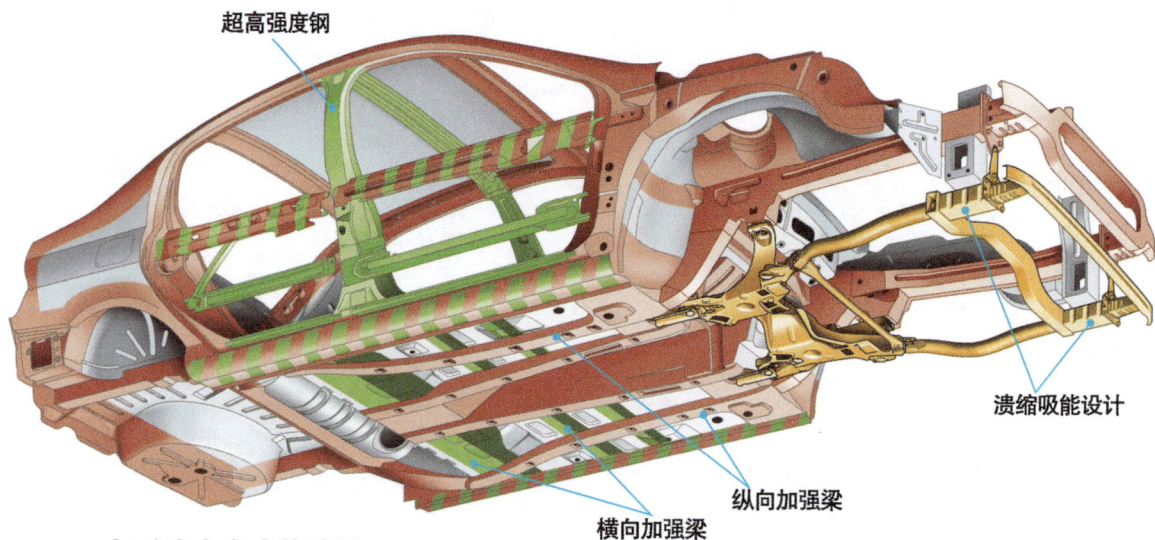

超高强度钢

溃缩吸能设计

纵向加强梁

横向加强梁

标致汽车车身构造图

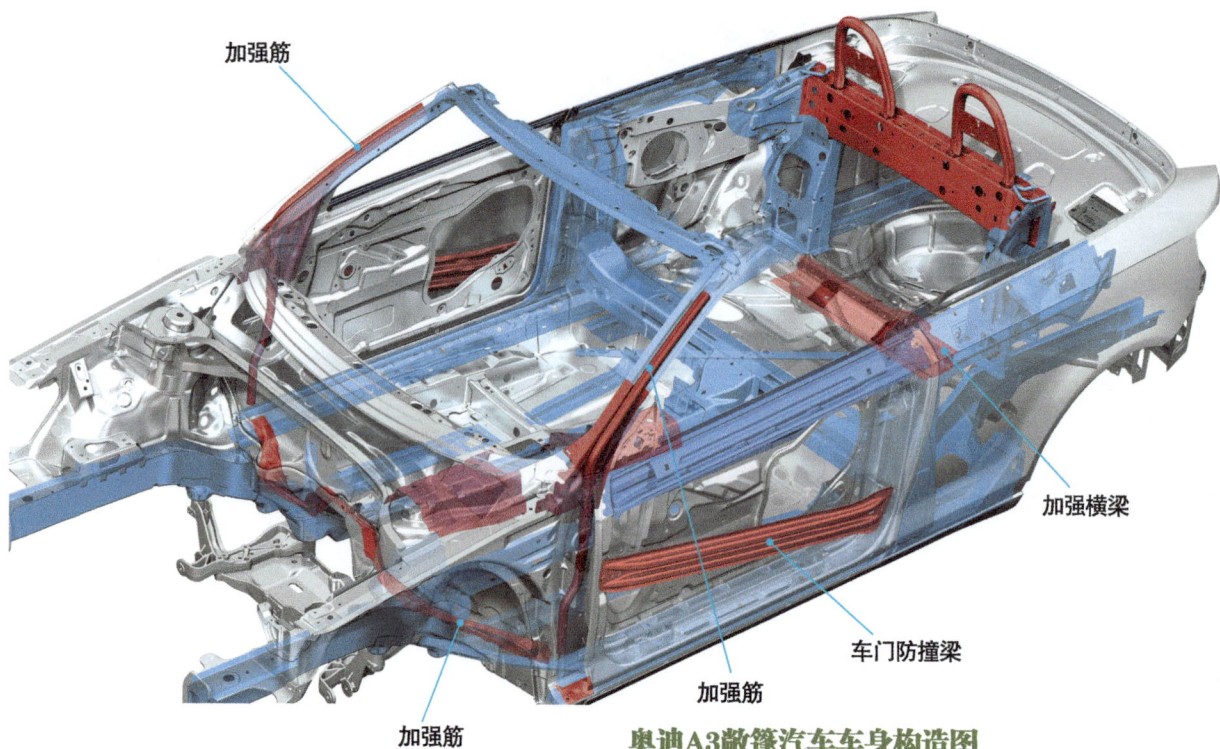

加强筋

加强横梁

车门防撞梁

加强筋

加强筋

奥迪A3敞篷汽车车身构造图

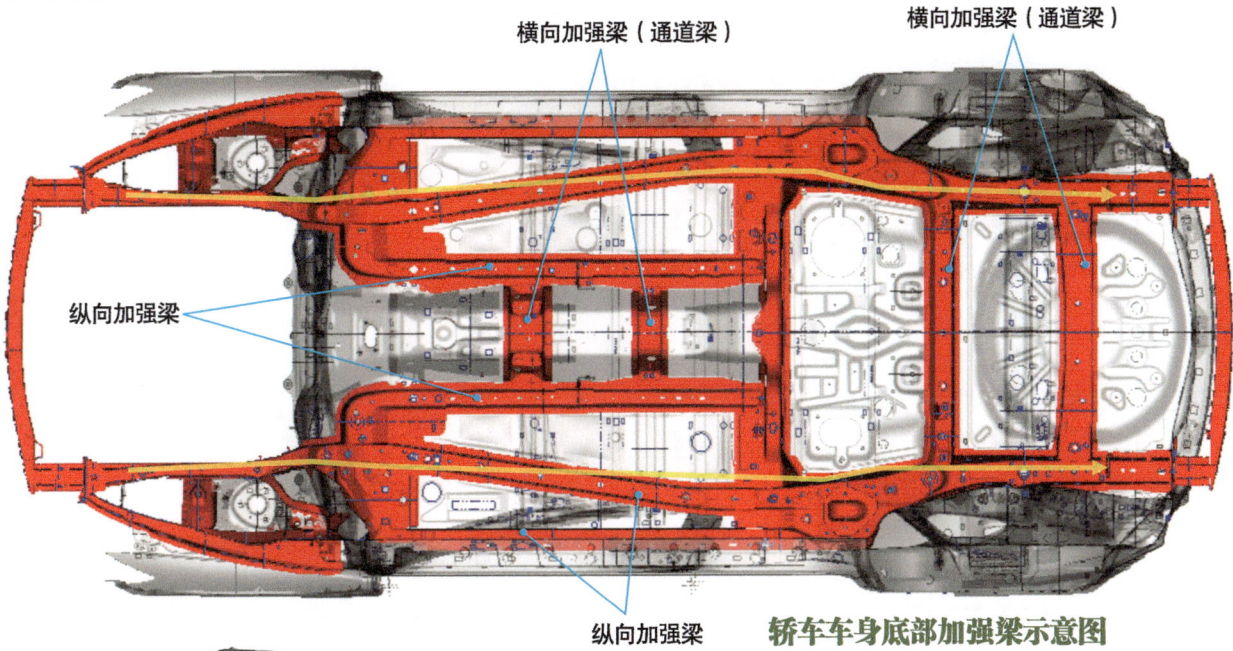

横向加强梁（通道梁）　　横向加强梁（通道梁）

纵向加强梁

纵向加强梁

轿车车身底部加强梁示意图

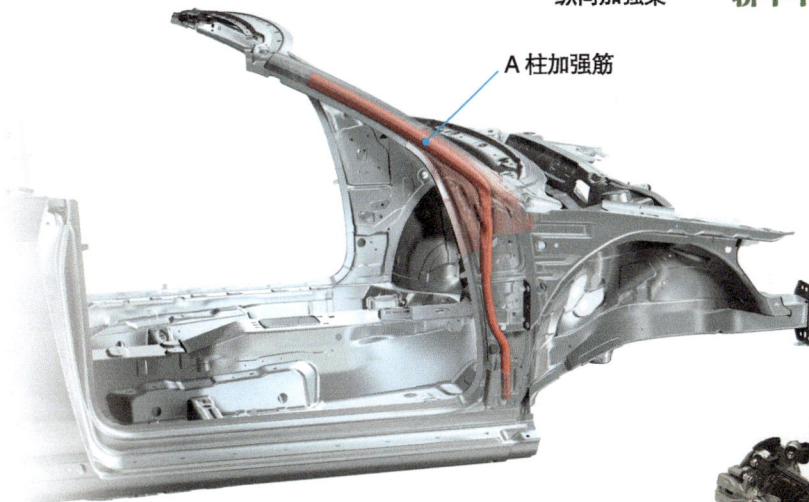

A柱加强筋

敞篷汽车A柱加强筋示意图

马自达 MX-5 敞篷跑车为了加强车身刚性，在传动轴旁边加装了一个中央梁，把前后车架连接起来，以增强车身抗扭曲的能力

马自达MX-5敞篷跑车底盘构造图

轻量化 VS 铝质车身

车身上的钢板强度越高，对安全并不一定就越有利。相对而言，高强度钢板的重量会更大些，如果采用过多的超高强度钢板，还会增加车身重量，而这对于汽车安全并不一定是好事，因为车身越重，其制动能力和操控能力都可能受到影响。因此，为了提升车辆的安全性、加速性和燃油经济性，现在汽车厂商越来越重视汽车轻量化。

在车身一些部位，可以使用强度较低的材料，以此来减轻车身重量。如车前和车尾部，就可以采用中强度的普通钢板，以能够吸收撞击力。

由于保险杠、前后翼子板的强度对驾乘人员的安全防护基本没什么影响，为了减轻车身重量，一些轿车已开始采用塑料等非金属材料来制作保险杠和翼子板。塑料弹性较好，还能起到保护行人的作用。

而对车身轻量化起作用最大的还是广泛采用铝质材料。在一些不太重要的部件，如发动机舱盖、行李箱盖、减振器顶座、车门内板等部位，就可以使用重量较轻的铝材。

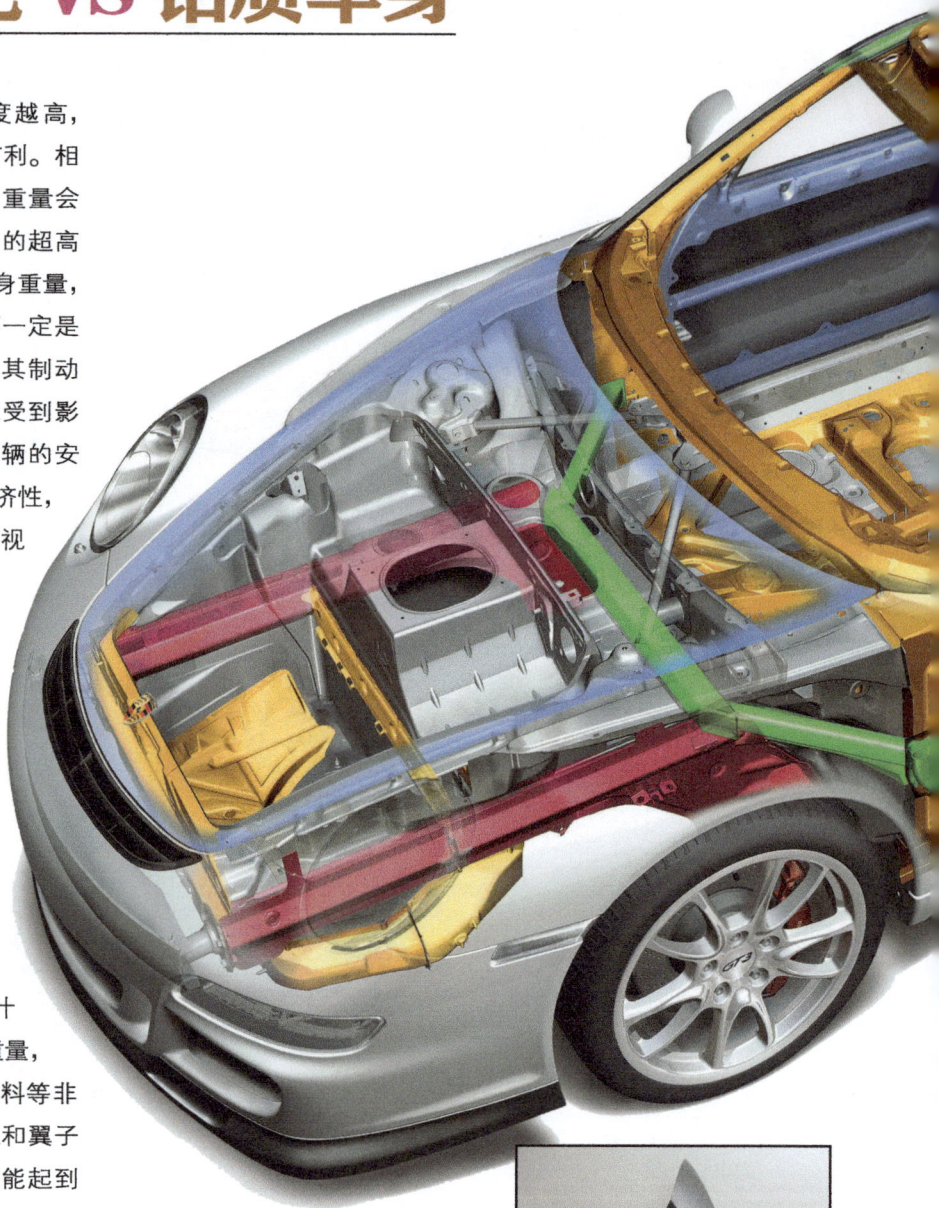

轿车的前翼子板可采用重量更轻的材料替代钢材，这样不仅对行人保护有好处，而且还可减轻车身重量

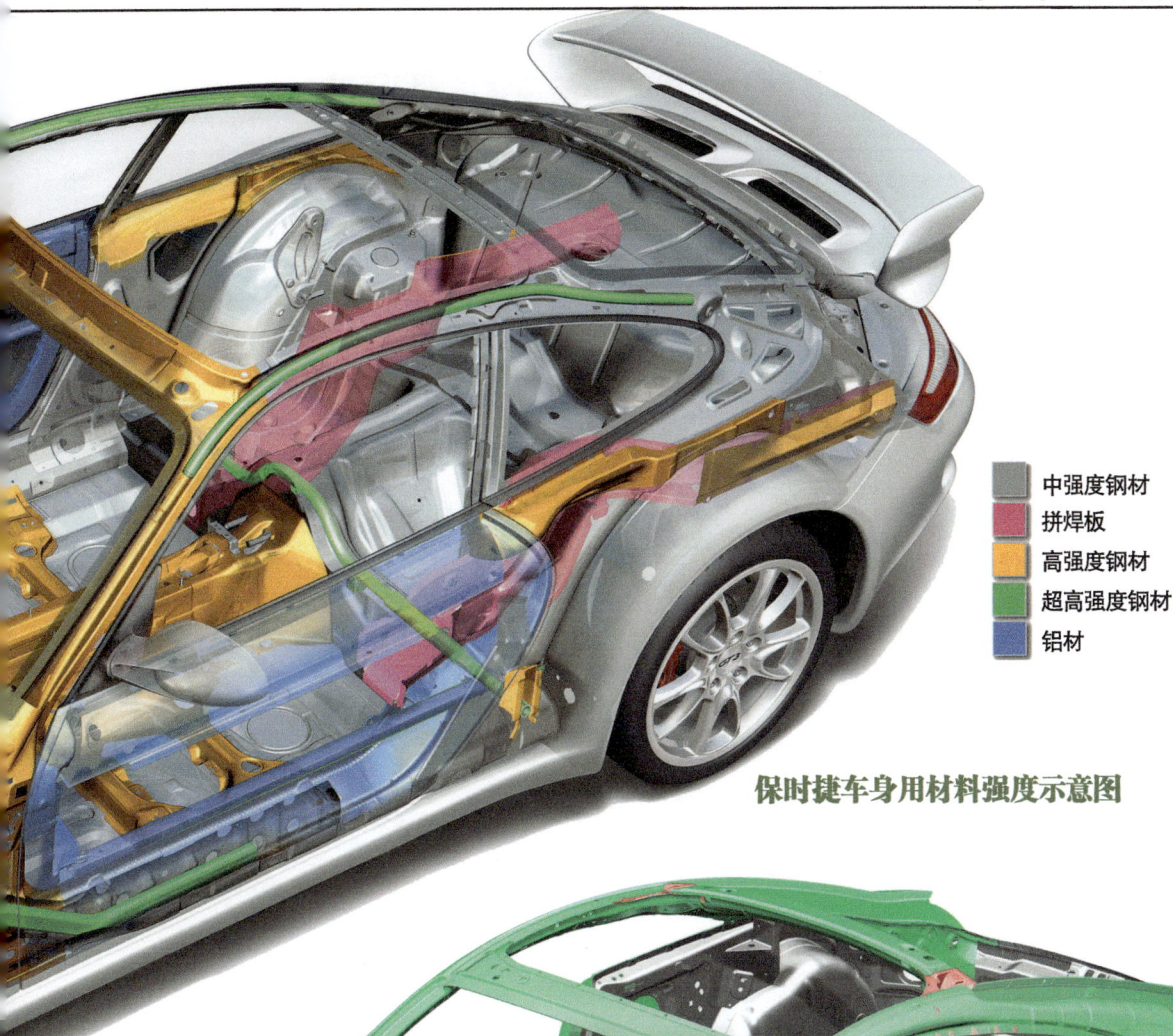

中强度钢材
拼焊板
高强度钢材
超高强度钢材
铝材

保时捷车身用材料强度示意图

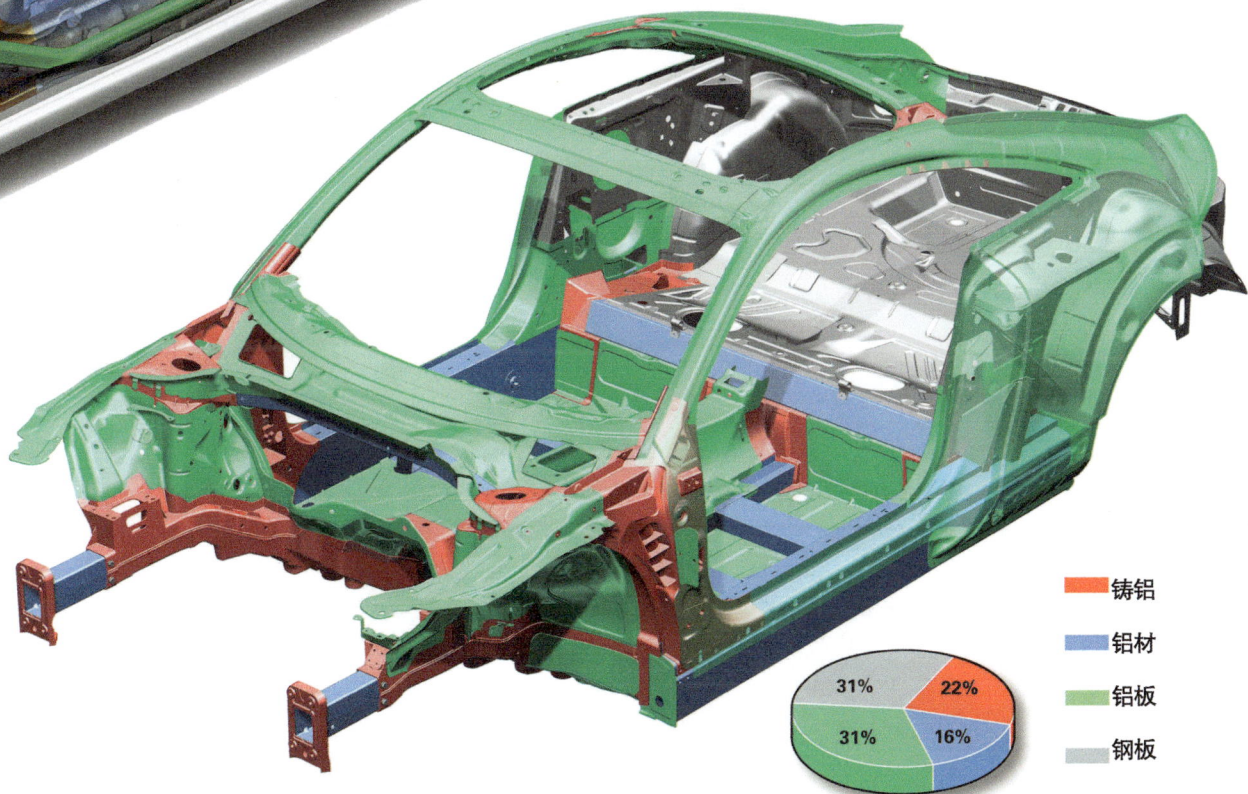

铸铝
铝材
铝板
钢板

31%
22%
31%
16%

奥迪TT铝质车身构造图

轻量化 VS 瘦身减肥

汽车轻量化已成汽车设计中必须考虑的重要因素，每一次车型换代，汽车厂商都要对汽车车身进行瘦身减肥。以奔驰新一代 S 级轿车为例，与上一代相比，共减轻重量 95 千克，这相当于从车上减下去一个成年人的重量。

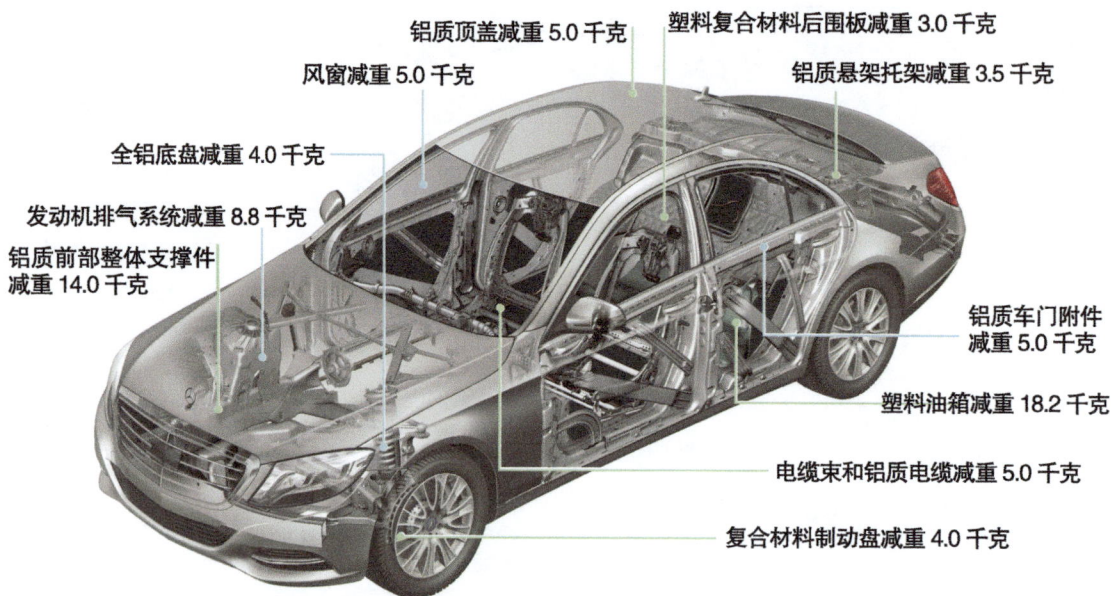

铝质顶盖减重 5.0 千克

风窗减重 5.0 千克

塑料复合材料后围板减重 3.0 千克

铝质悬架托架减重 3.5 千克

全铝底盘减重 4.0 千克

发动机排气系统减重 8.8 千克

铝质前部整体支撑件减重 14.0 千克

铝质车门附件减重 5.0 千克

塑料油箱减重 18.2 千克

电缆束和铝质电缆减重 5.0 千克

复合材料制动盘减重 4.0 千克

奔驰新一代S级轿车与上一代相比整车轻量化示意图

普通强度钢
高强度钢
现代高强度钢
超高强度钢
热成型超高强度钢
铝材

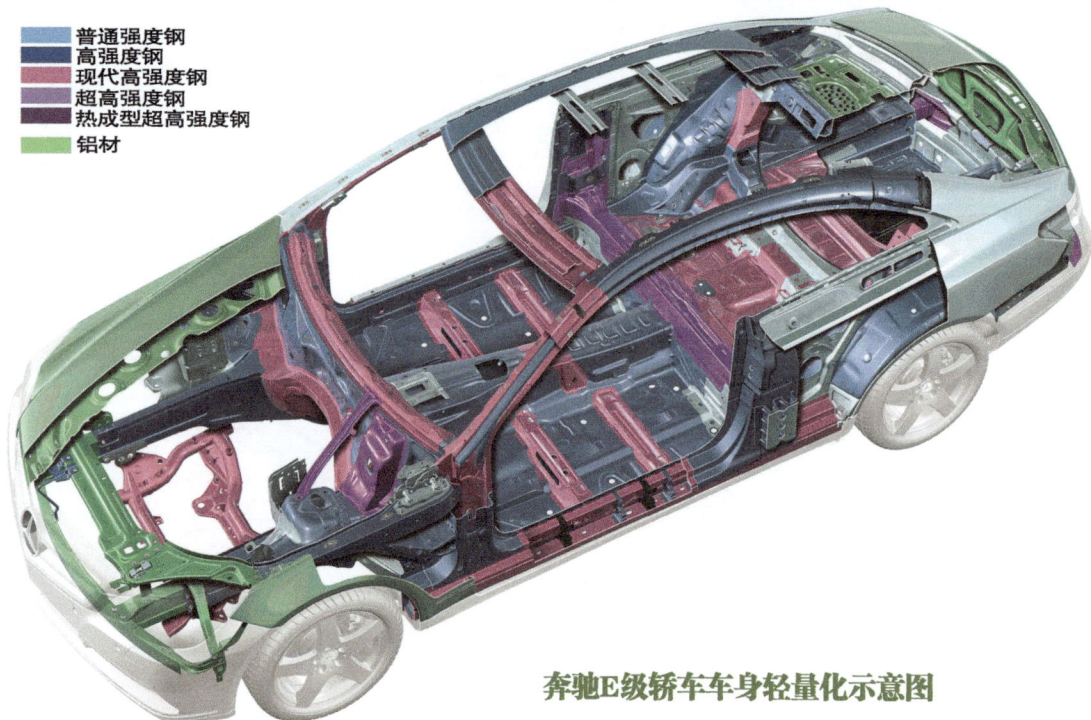

奔驰E级轿车车身轻量化示意图

小车撞大车 VS 小车吃亏

小车省油、便宜，大车舒适、气派，可谓是各有特点。然而在安全性上谁更出色呢？

在主动安全性上对比

小车重量轻，惯性力较小，相对而言在制动时更容易停住。这是从理论上的分析，但在实际中，出于成本考虑，小车的制动系统一般都配置较低，制动盘较小，后轮还常采用鼓式制动，因此，在我们对车辆制动性能进行测试时，发现小车的制动距离一点也不短，可以说不占优势。

另外，同样是出于成本考虑，小车也往往不会装备 ESP 等主动安全系统，躲避障碍的能力反而不如一些装有 ESP 系统的大车。

在被动安全性上对比

尽管一些小车的碰撞测试成绩也是五星，但那是按照和大车一样的测试标准进行的碰撞测试，是以同样的速度撞击同样的障碍物，车身尺寸大小对碰撞测试成绩没什么影响，主要取决于自身的安全结构设计。

然而，当拿一款小车和一款大车相撞时，驾乘室所受到的冲击力，与驾乘室和车头间的距离有很大的关系，此距离越长，对保护驾乘室内的乘员越有利。

当大车和小车以同样的速度相撞时，根据作用力与反作用力相等的原理，两车的车头可能同样被撞折（或吸能溃缩）1 米，那么，大车内的人或许没事，而小车中的人可能就要惨了。2009年，北京市五环路曾发生一起严重车祸，一辆大货车冲过中间隔离带撞向对向行驶的车辆，结果四辆小轿车被辗扁，轿车中 7 人死亡，而大货车驾驶员安然无恙。

大车拥有较长的碰撞缓冲距离

小车的碰撞缓冲距离较短

根据作用力与反作用力相等的原理，相撞的两车所受的撞击力相等，被撞陷的长度也应近似。但由于小车的碰撞缓冲距离较短，和大车相撞时可能要吃亏。

重量悬殊两车相撞 VS 轻者吃亏

当重量相差悬殊的两辆汽车对撞时，谁的重量轻，谁可能吃亏。此时较重的车会把较轻的车向后推，也就是说撞击时，重车相对移动的距离较短，重车在相撞过程中"速度的改变率"会比轻车缓和些。比如，两车相撞，一车自重为1吨，另一车为2吨，当两车以60公里/小时的速度相撞时，大车会把小车以20公里/小时的速度向后推。那么，在相撞中，大车的速度变化是60−20=40公里/小时。而小车的速度变化则是60+20=80公里/小时。

当速度变化越大时，其受到的冲击也越大，或者说其危险程度也更大。如果还不明白这个道理，则可以想象一下慢制动和急制动时车内乘员受到的冲击哪个大？当然是急制动时较大，因为急制动时汽车的速度变化较大。

基于以上的说法，当两部重量相差一倍的大车小车对撞时，小车内的人受到的冲击将会是大车的两倍。

60公里/小时　　　　60公里/小时

大车的速度变化是40公里/小时　　　　**小车的速度变化是80公里/小时**

20公里/小时

相撞后两车都以相同速度向小车一侧移动

速度变化越大，车辆和车中人员受伤害的可能性越大。小车在碰撞时其速度变化较大，因此它所受到的伤害也较大

同重量级两车相撞 VS 谁吃亏

同重量级的两车相撞时，
车身安全设计和其他安全保护，
对乘员伤害程度影响更大。

根据牛顿第三定律，作用力和反作用力是相等的。因此，无论车轻还是车重，只要撞在一块儿，作用力和反作用力的大小都是一样的。即它们所承受的撞击力是一样的。在撞击力一样的情况下，受伤害的程度就要取决于车身结构了，谁的保护能力弱谁就更吃亏。

有人说，较轻的汽车在碰撞中的位移可能更大，而较重的汽车在相互碰撞中的位移可能会小，就像一大一小两个钢球，它们相互碰撞后小球会离开而大球可能不动。然而，汽车不是实心的钢球，而且同级轿车之间的重量差别也没有那么大（重量相差悬殊的两车碰撞另当别论，参见上页内容），更为重要的是轿车的前部都有碰撞吸能设计，它可以阻止汽车与汽车之间"硬碰硬"。因此，同重量级的两辆轿车相撞，不会出现一个轿车碰撞后纹丝不动，而另一辆车被撞飞，更何况它们所受的碰撞力是相等的，此时就得看谁的车身结构设计更安全了。但请注意这里有一个前提，就是两车属于同一个重量级，重量一般相差不超过20%。

车身重量 VS 行驶稳定性

汽车行驶时会产生一定的上升力，这是由于车身顶部的压力较小而车身底部的压力较大造成的，上下压力差就会让汽车在行驶时产生一个上升力。

为什么车身顶部的压力比底部的压力小？它可由伯努利原理来说明：如果在相同时间内流程越长，其所受压力越小。而车顶部是曲面，车底部是近似平面，车顶部流程相对较长，这样车顶部的压力就比车底部小。飞机就是利用这个空气动力学原理飞到空中的。因此，汽车行驶时必须给车身一个较大的向下压力，让汽车的车轮不要脱离开地面，否则就会"发飘"。

给车身向下压力的来源主要是车身重力，因此人们才会觉得重量较大的车行驶起来比较稳，而车身轻的车则容易发飘。

然而，车身重量加大后会带来很多问题，如油耗增加、加速和制动都比较费劲等。因此不能让车身太重，但又不能让汽车的上升力占得优势，怎么办？看看 F1 或其他赛车上的空气动力学部件就知道了，利用这些空气动力学部件，可以增加汽车的下压力，像 F1 赛车，连同赛车手的重量都不到 700 千克，但它可以近 400 公里/小时的速度行驶，如果不是靠空气动力学部件将车辆压向地面，估计它就可以飞起来了，因为战斗机的起飞速度也就是 300 公里/小时多。因此，如果将车身造型设计得更符合空气动力学，利用空气的力量对汽车产生下压力，就会将汽车稳稳地压在路面上，达到较佳的高速行驶稳定性。

总之，我们可以得出三条结论：

1）车身重量过大对汽车的许多性能（包括安全性）都不利。

2）车身重量轻，其行驶稳定性未必就差，如 F1 赛车。

3）车身重量较轻，又拥有较佳行驶稳定性的车辆，在许多性能方面都具有优势。

合理利用扰流板产生的下压力，使车辆行驶得更稳定

只要车身造型具有较佳的空气动力学特性
利用空气来产生下压力
就可以将汽车紧紧地压在地面上而不会发飘

车身轻 VS 四大好处

操控性

你见过非常肥胖的运动健将吗？除了相扑和摔跤外，运动员的身材都不会太肥胖，否则他可能就无法灵活运动。汽车也一样，马路上的大货车或大客车在急转弯或突然躲避障碍时，侧翻的概率会比轿车大得多，主要原因就是车身重量的差异。较轻汽车的重心可以快速移动，紧急情况下可以更灵活地安全避让、辗转腾挪。因此，重量较轻的汽车，其操控性也相对更好些。

加速性

同理，重量较轻的汽车，其起步和加速性能也更好。据测试，普通轿车每减轻 100 千克，从静止到达 100 公里/小时时可以多前进 6 米左右。

制动性

重量轻的汽车其行驶惯性较小，可以用较小的力量就能把汽车停住，就像自行车比汽车更容易制动，而火车则比汽车更难停住。这可以用物理学上的动量概念来解释。运动的汽车具有一定的动量，其计算公式是：**动量 = 质量 × 速度**

如果汽车的质量较小，在同等速度下，那么它就具有较小的动量。而制动的实质就是要"消灭"汽车的动量，将汽车的动能通过制动转化为热能并散发掉。因此，动量较小的汽车更容易被"消灭"掉，也就是更容易让汽车制动停止，反之亦然。

经济性

车身越重，或汽车负载越重，轮胎所承受的滚动阻力也就越大。而滚动阻力等于汽车重力与滚动系数的乘积。滚动阻力与汽车重力成正比。而滚动阻力需要消耗燃油来克服，因此，可以说车身重量与燃油消耗成正比，越重的车辆其消耗的燃油也相对较高。据测算，车身重量每减小 10%，燃油消耗就会降低 7% 左右。对普通汽车来说，车身重量每减少 100 千克，百公里油耗可降低 0.3~0.5 升。

普通轿车每减轻重量100千克
百公里油耗可降低0.3~0.5升
从静止加速到100公里/小时时可以多前进6米左右

第三章 车身外部附件

前照灯 VS 从石蜡到激光

乙炔车灯取代石蜡灯

第一代汽车前照灯光源是由燃料（石蜡、煤油或乙炔）直接燃烧发光，它能满足早期车灯的要求，其中，燃烧乙炔气体的前照灯最受欢迎，并逐渐取代了更早的石蜡灯。因为乙炔灯对于风和雨水的抵抗能力较强。乙炔气火焰的亮度比当时的电光源所能达到的亮度高出一倍，所以在1925年以前汽车前照灯几乎全是乙炔灯。

但乙炔车灯也存在发光效率很低、光强弱、性能不稳定、操作复杂等明显缺点。

钨丝灯取代乙炔灯

钨丝灯被称为第一代汽车前照灯。其实在1913年，带螺旋灯丝的充气白炽灯就问世了，因

其具有较高的亮度，给电光源前照灯开辟了广阔的前景。然而由于当时汽车电气系统的制约，直到1925年，电气照明才在汽车上得到广泛的应用。

1925年，采用钨丝作为发光介质的电灯正式取代了乙炔灯，钨丝灯内部灌入惰性气体或者抽取为真空状态。给灯丝导通足够的电流，灯丝发热至白炽状态，就会发出光亮。与现在的光源相比，在消耗同样的功率下，钨丝灯所产生的亮度明显不足。另外，钨丝灯正常工作时，灯丝表面的钨原子升华后会凝结在灯泡或者灯体内部，对灯罩产生污染并进一步降低灯亮度。基于这些原因，普通钨丝灯现在已不再被汽车厂家选为前照灯光源。

1886年，戴姆勒汽车，石蜡前照灯

1901年，梅赛德斯Simplex，乙炔前照灯

1915年，奔驰18/45PS，电动近光灯

1934年，梅赛德斯-奔驰500K，白炽前照灯

1968年，梅赛德斯-奔驰300SEL，卤素前照灯

1971年，梅赛德斯-奔驰350SL，卤素前照灯

1995年，梅赛德斯-奔驰E级，氙气前照灯

奔驰汽车前照灯演变图

卤素灯兴起

卤素灯仍是钨丝灯类，它在 20 世纪 70 年代率先在欧洲和日本汽车上使用，很快成为汽车强光源的主力。直到现在，卤素灯仍然是使用最为广泛的车灯，在经济型轿车上广泛使用。

氙气灯

第三代汽车前照灯光源是气体放电灯HID(High Intensity Discharge)，最常见的就是氙气灯，并从 1991 年开始装备在汽车上。氙气灯强度高，寿命长，耗能低，成本高。在中高级轿车上氙气灯已逐渐成为标配，并逐渐向中级轿车上普及。氙气灯将替代卤素灯成为新型汽车前照灯的光源。我们常说的双氙气前照灯，则是指远光和近光都采用氙气灯。

LED 车灯

发光二极管（Light-Emitting Diode，简称LED）是一种能发光的半导体电子元件。这种电子元件早在 1962 年就已经出现。LED 早期只能发出低亮度的红光，之后发展出其他单色光，时至今日，它能发出的光已遍及可见光、红外线及紫外线，亮度也有明显提升。随着白光发光二极管的出现，LED 目前已经能够用于汽车上所有灯光照明，包括前照灯。

LED 具有效率高、寿命长、不易破损、开关速度快、高可靠性等优点。

激光灯

与现有的 LED 灯相比，激光灯比 LED 灯亮1000 倍，同时体积更小、更节能、照射距离更远。由于激光光源与普通光源发亮的原理不同，激光发亮只是单色光源，光只有一种波长，而不是像普通光源那样制造涵盖了所有波长。这样的特性使得激光照明照度更强，光型也能被精确、迅速并且安全地控制。

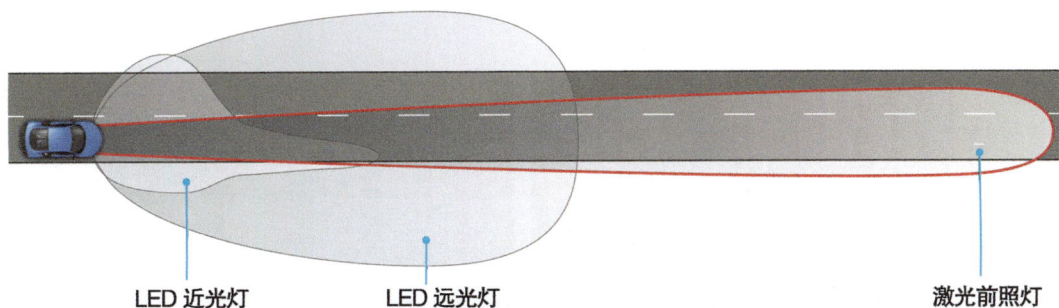

LED 近光灯　　　LED 远光灯　　　激光前照灯

1999年，梅赛德斯-奔驰CL级，双氙气前照灯

2003年，梅赛德斯-奔驰E级，主动式双氙气前照灯

2004年，梅赛德斯-奔驰CLS级，随动转向双氙气前照灯

2006年，梅赛德斯-奔驰E级，智能化双氙气前照灯

车灯 VS 颜色

汽车上有多种灯光，有些是照明用的，有的则是用来提醒他人的信号灯或警示灯。现在国际普遍根据不同的用途，采用不同的车灯颜色。

氙气前照灯

氙气前照灯的色温较高，它会发出淡蓝色的灯光。

制动灯、示宽灯

制动灯、高位制动灯和后示宽灯都采用红色，因为红色刺眼，更醒目，能很好地提醒后面的车辆注意安全。

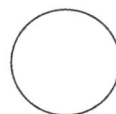

卤素前照灯

卤素前照灯（包括近光灯和远光灯）都采用白色偏黄的颜色，这样能保证即使在恶劣天气下也能照亮路面。

转向灯、雾灯

转向灯、雾灯和前示宽灯采用黄色，因为黄色在可见光里的波长是最长的，不论是良好天气还是恶劣气候，它传播距离远，颜色醒目，能较好地起到警示作用。

日间行车灯、倒车灯

车前部的日间行车灯和车尾的倒车灯采用白色。

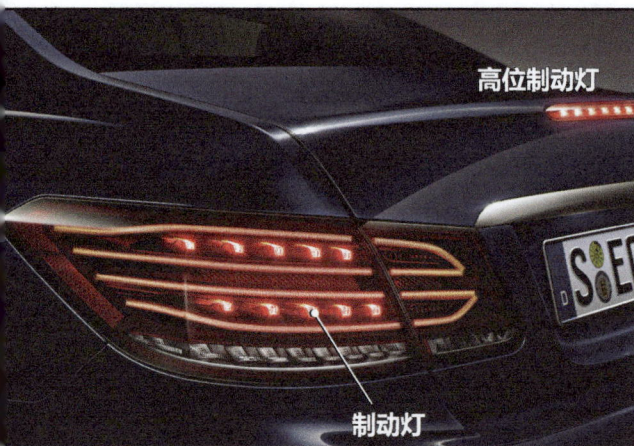

高位制动灯

制动灯

倒车灯

示宽灯

转向灯

示宽灯

卤素灯 VS 氙气灯

卤素灯发光原理

灯丝在充有卤素气体的石英灯泡内发光。温度越高，发出的光就越强。卤素气体的作用就是在高温下保护灯丝。卤素车灯的能耗较高，每只灯泡的功率为 55 瓦。

氙气灯发光原理

氙气灯是一种含有氙气的新型前照灯，又称高强度放电式气体灯。它的发光原理是通过安定器以 23000 伏高压刺激氙气与金属卤化物，使其发出原子光谱而发光。光谱的色温与金属卤化物的成分有关，通常 HID 的色温可以达到 4000~12000 华氏度。仔细观察你会发现，在 HID 灯泡的灯管内还有一颗小小的玻璃球，玻璃球两端有两个电极，里面没有灯丝，这便是 HID 与卤素灯的区别。要使 HID 发光，需有一个 23 千伏的电压激发气体使其放电，所以真正的 HID 是气体放电。

一般的 55 瓦卤素灯只能产生 1000 流明的光，而 35 瓦氙气灯能产生 3200 流明的强光，亮度提升 300%。

氙气灯是利用电子激发气体发光，无钨丝存在，因此寿命长，约为 3000 小时，而卤素灯只有 500 小时。另外，氙气灯功率只有 35 瓦，而发出的光是 55 瓦卤素灯的 3 倍以上，能节省 40% 汽车电力系统的负荷。

普通卤素前照灯一般采用反射式原理，发光体位于反射灯罩抛物线面的焦点。当光线照射到反射罩上后就会向车前方反射灯光，而且反射面越完整，发光效率就越高。普通汽车前照灯的反射面左右比上下完整，光源利用率大约只有 40% 左右，就是说只有 40% 的灯泡的光被反射到路面上

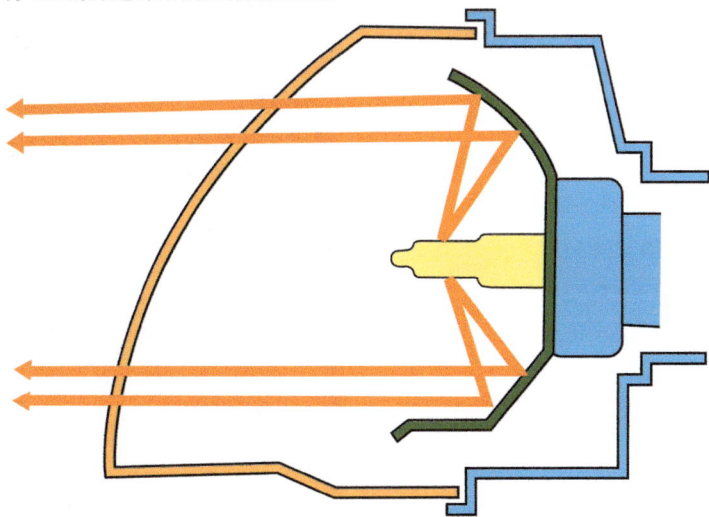

卤素前照灯构造示意图

氙气前照灯一般采用凸透镜装置，也就是采用所谓的投射式灯具。氙气前照灯的发光体位于后面椭圆镜面的焦点，而前面凸透镜的焦点与椭圆的焦点重叠，这样就可把灯光直射到车前方。与反射式灯具相比，投射式灯具光源利用率更高，可以达到 80%，是普通卤素前照灯的两倍

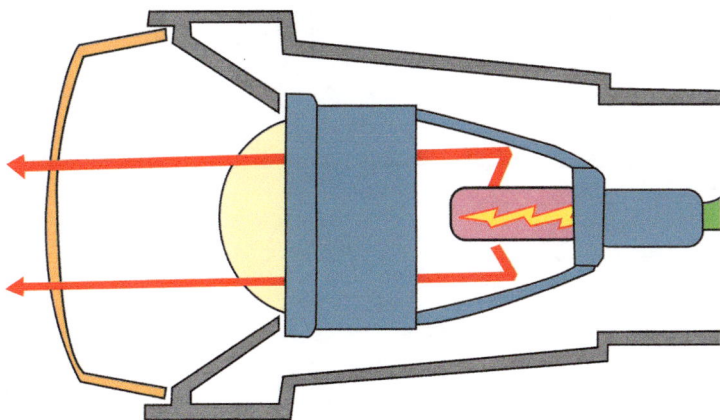

氙气前照灯构造示意图

随动转向前照灯 VS 会转动的眼睛

随动转向前照灯系统也称自适应前照灯系统（Advanced Frontlighting System，简称 AFS）。在行驶过程中，当驾驶人转动方向盘时，前照灯也会转动一定角度（一般为 15°），以消除照明死角。尤其是当弯道边上有行人或骑自行车者时，随动转向前照灯显得尤为重要。

随动转向前照灯系统不仅可以使前照灯左右转动，它还可以根据车身平衡度的变化而自动调节光柱上下角度，例如当制动、上坡和下坡时，或当前后乘坐人员不等、车头下探或上仰时，灯光也会自动调整上下角度，以维持光照的范围不变，从而提高行车的安全性能。

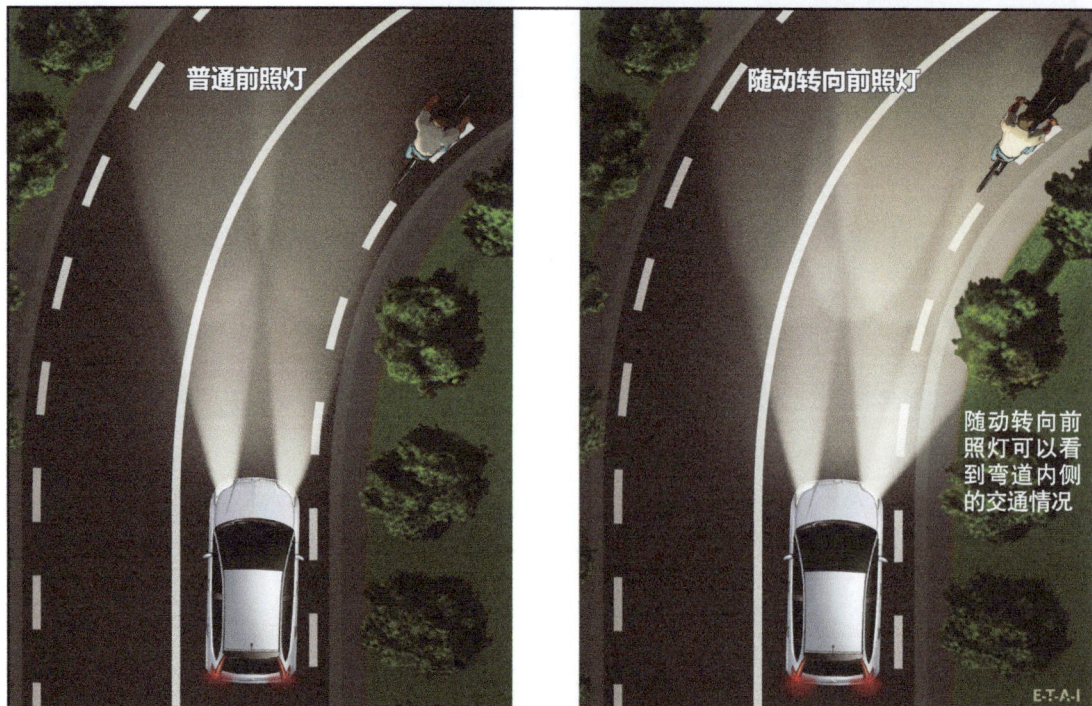

普通前照灯

随动转向前照灯

随动转向前照灯可以看到弯道内侧的交通情况

E-T-A-I

随动转向前照灯示意图

① 自动调整机构
② 电动机
③ 蜗杆
④ 旋转驱动电动机
⑤ 旋转轴
⑥ 氙气灯泡

欧宝汽车随动转向灯构造图

高压气体放电灯（氙灯）

转弯灯光调节电动机　光束调节电磁铁　位置传感器

大众汽车随动转向灯构造图

随动转向前照灯的随弯照路功能一般在车速大于10公里/小时时自动激活。前照灯上装有电脑控制的步进电动机。转弯时，该步进电动机跟随驾驶人转动方向盘的角度，不断地调整灯光在水平方向上的照射方向。灯光转动的角度在转弯方向的内侧最大可达15.0°，在外侧最大可达7.5°。

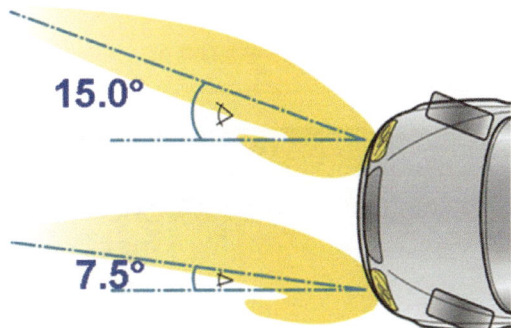

控制电脑

步进电动机

15.0°

7.5°

前后载荷均匀时

尾部载荷偏重时

随动转向前照灯可在包括乘员变化在内的载荷变化或者路面变化时，自动调整照射距离和角度。如在汽车上坡时稍向上抬起一定角度，以照亮坡道上方的路面；下坡时则会降低一定角度，以保证照射距离。如前后载荷发生变化，它也会根据情况自动调整照射角度，以便让驾驶人看清更宽阔的前方路面情况。既可以让驾驶人看清楚路面，又可以让避免对面驶来车辆的驾驶人眩目。

驶入弯路时的车灯照射范围：无随动转向前照灯的车为虚线区域，有随动转向前照灯的车为黄色区域

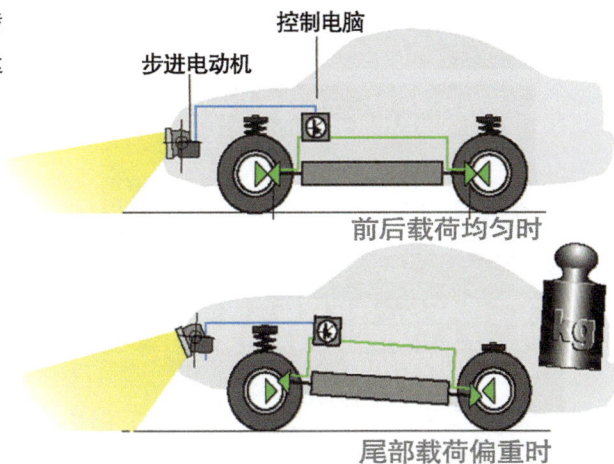

三代 AFS VS 自适应前照灯

自适应前照灯系统（Advanced Frontlighting System，简称 AFS）已发展到第三代，其中第一代是转弯时转弯补光灯（或称边灯）点亮；第二代是前照灯随动转向，如前面介绍；第三代则是可根据车速自动调节照射范围。

第一代 AFS：夜间车辆以低于 50 公里/小时的车速转弯、拨打方向盘或开启转向灯时，相应侧的静态转弯灯（有些车用单侧前雾灯来兼任静态补光灯）会自动点亮，实施转弯补光照明，扩大视野范围，消除盲区，提高夜间行车的安全性。

AFS技术历经了三代的发展

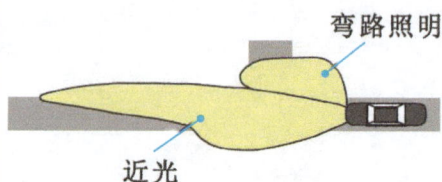

弯路照明

近光

第一代 AFS：边灯照明

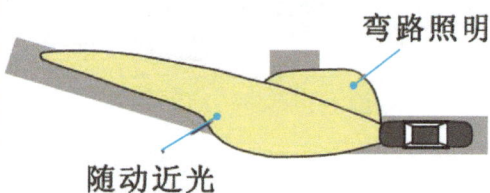

弯路照明

随动近光

第二代 AFS：随动近光和边灯照明

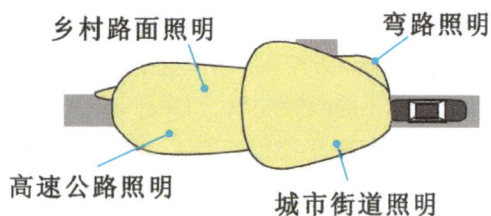

乡村路面照明

弯路照明

高速公路照明

城市街道照明

第三代 AFS：多功能灯光

未开转向灯，两侧斑马线区域光线昏暗

开启右转向灯时，右侧转弯时边灯点亮，照亮右侧斑马线区域

开启左转向灯时，左侧转弯时边灯点亮，照亮左侧斑马线区域

第二代AFS，在车辆转弯时可以转动照射方向，在上下坡时以及载荷有变化时，可以调节前照灯的照射角度

第三代AFS在不同路段照明范围示意图

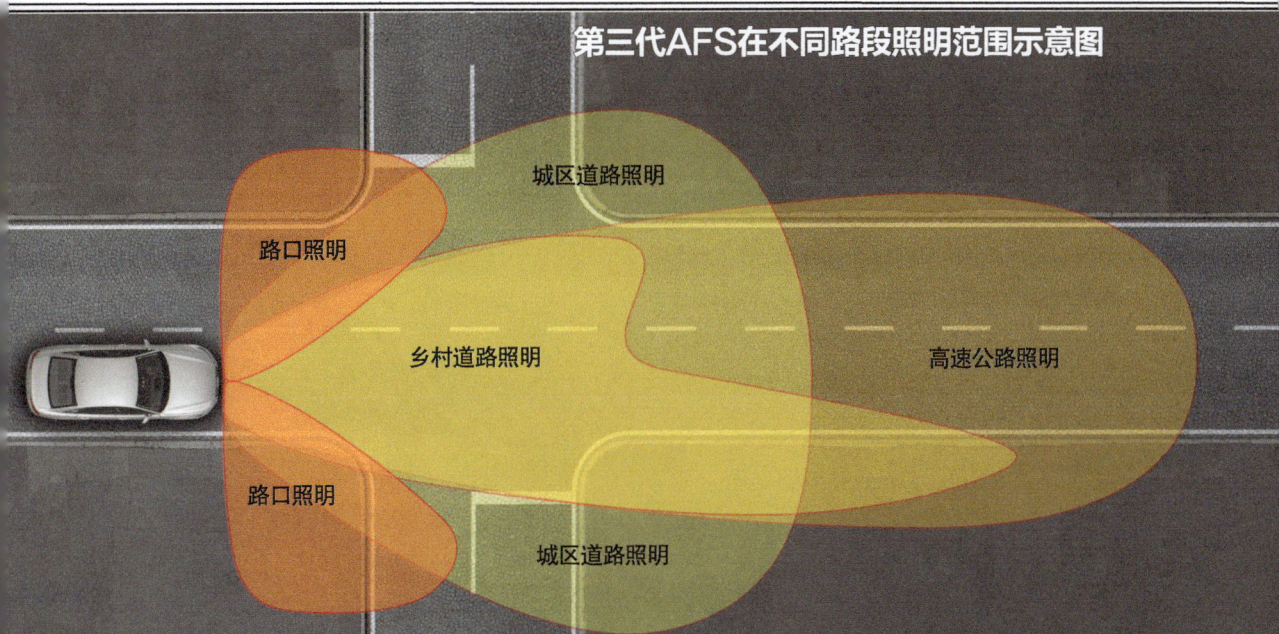

路口照明

城区道路照明

乡村道路照明

高速公路照明

路口照明

城区道路照明

第三代 AFS 也称高端 AFS，前照灯光线分布可随着路况进行改变，在不同的车速范围都能够切换为最优化的路面照明：

0~110 公里 / 小时车速为城市 / 乡村道路行驶；大于 110 公里 / 小时车速为高速公路行驶。

它们的照射范围各不相同，如上图所示。

另外，会车时高端 AFS 还能调节照射范围敬意，如下图所示，能够最大限度地降低射入迎面驶来车辆驾驶人眼中的眩目光强度，并更好、更远地照亮自己车辆行驶的道路路面。

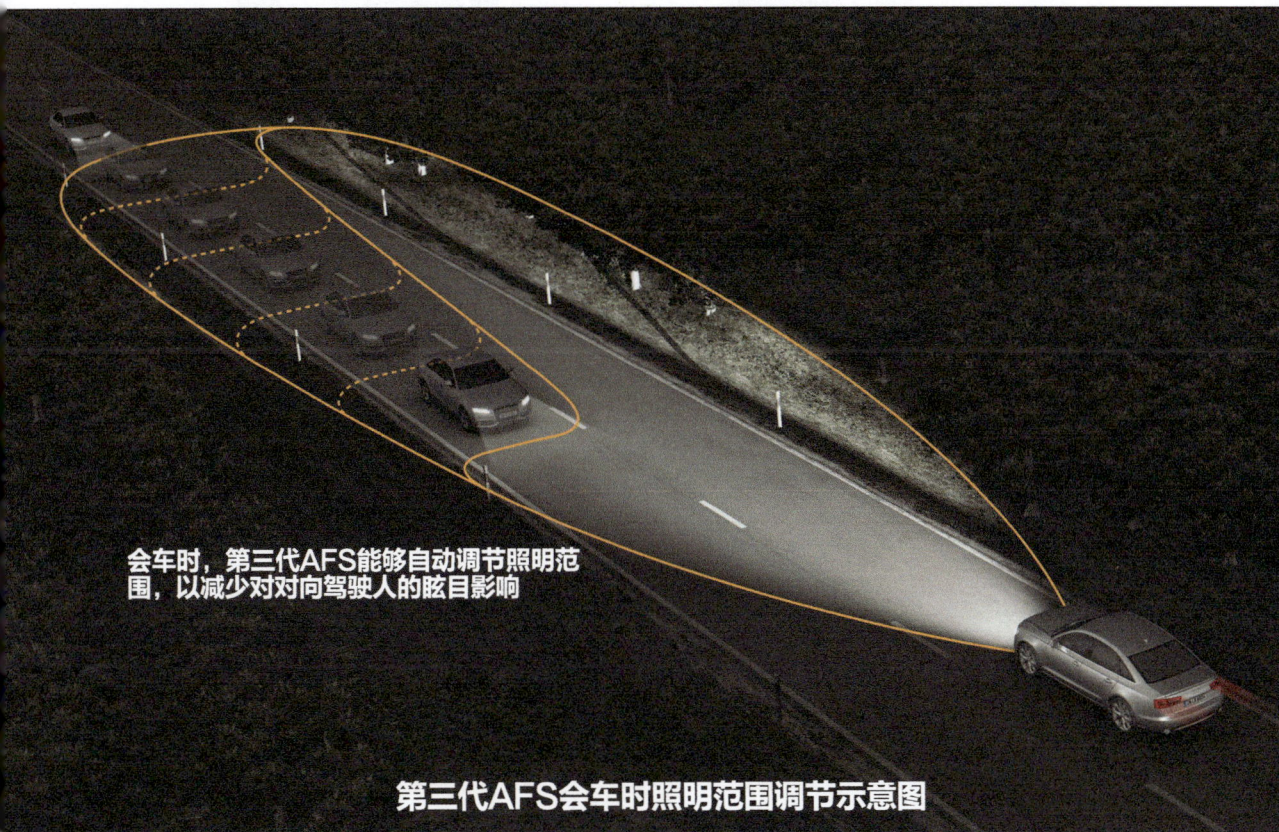

会车时，第三代AFS能够自动调节照明范围，以减少对对向驾驶人的眩目影响

第三代AFS会车时照明范围调节示意图

LED 车灯 VS 寿命长

第四代汽车前照灯光源是半导体发光二极管(LED)。它不是通过热能使物体升温而发光，而是由电能直接转换为光能，因而称为冷光，它的寿命更长。LED 现在主要应用于汽车制动灯、示宽灯、日间行车灯、转向灯上，但 LED 车灯的发展速度非常快，一些豪华轿车上已实现全车 LED 灯，即远光灯和近光灯都采用 LED 灯。

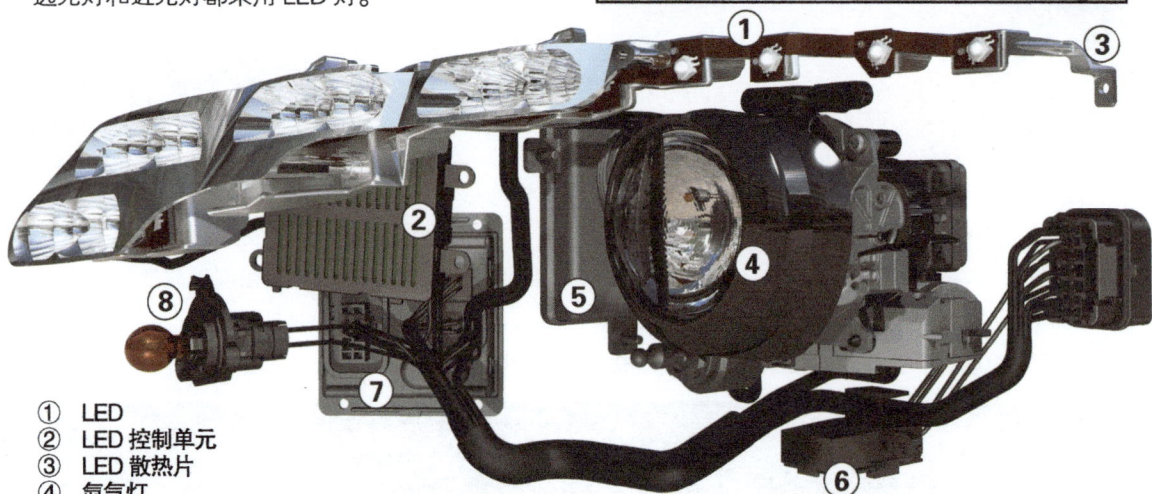

① LED
② LED 控制单元
③ LED 散热片
④ 氙气灯
⑤ 氙气灯稳定器
⑥ 远光灯开关控制
⑦ 电源模块
⑧ 转向灯单元

只有日间行车灯采用LED的前照灯构造

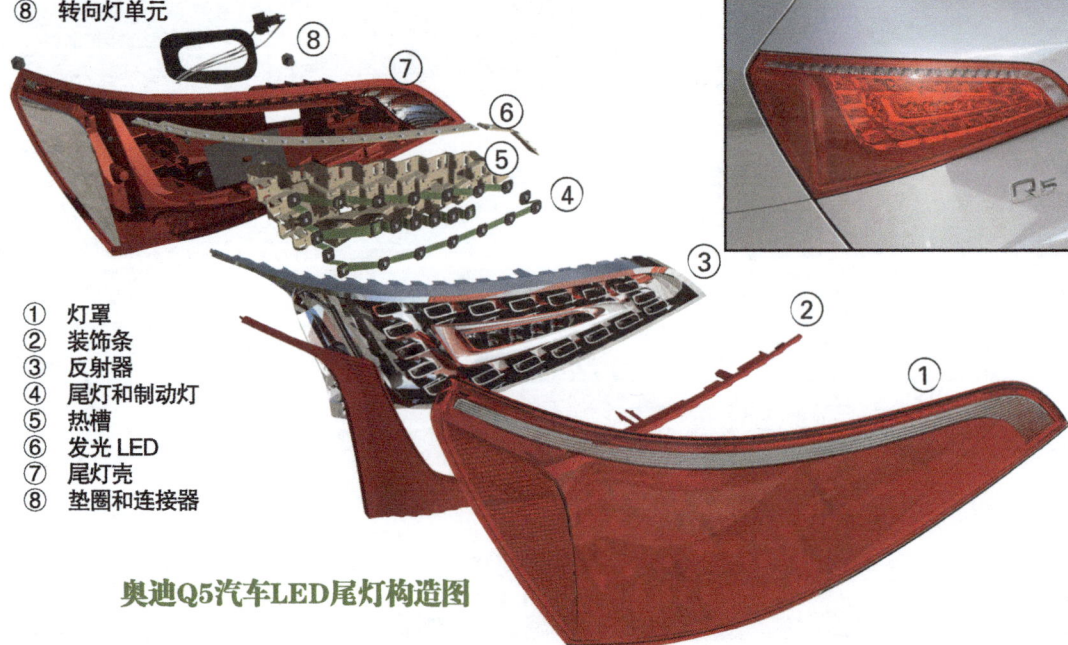

① 灯罩
② 装饰条
③ 反射器
④ 尾灯和制动灯
⑤ 热槽
⑥ 发光 LED
⑦ 尾灯壳
⑧ 垫圈和连接器

奥迪Q5汽车LED尾灯构造图

日间行车灯 VS 边灯

为提高行车安全性，欧盟规定自 2011 年起，欧盟境内所有新车必须安装 LED 日间行车灯（Daytime Running Light，简称 DRL）。日间行车灯不是为了照亮车前道路，而是为了让其他车辆和行人看到自己，从而提前避让。

随着 LED 灯光技术的进步，LED 日间行车灯越来越流行，加上 LED 日间行车灯对车辆的辨识度非常高，又能增强汽车造型的美感和个性，现在几乎成为新车型上的必备车灯。

当发动机起动后，日间行车灯就会自动点亮，当打开近光灯时，它便自动熄灭。现在大多车型都采用 LED 作为日间行车灯，因此它的耗电量极小，甚至可忽略不计。

边灯在转弯时才会点亮，以照亮转弯方向的道路。第一代 AFS 上就存在边灯，第三代 AFS 时仍然存在。

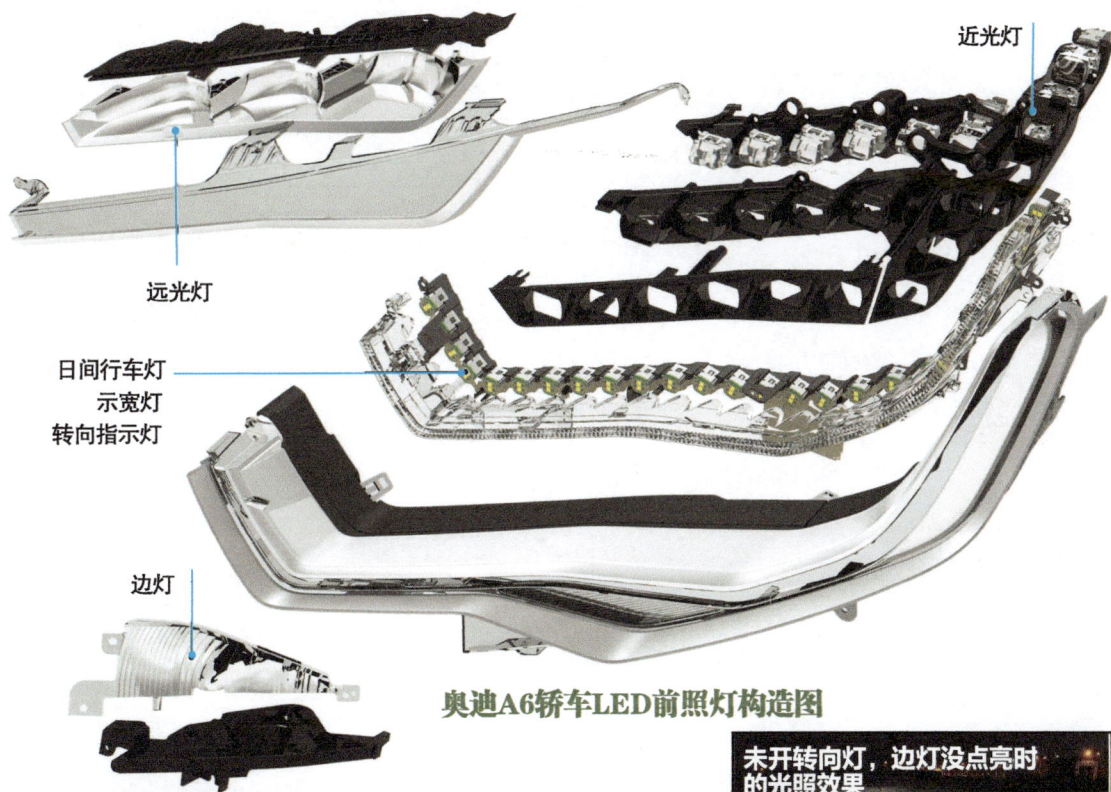

近光灯

远光灯

日间行车灯
示宽灯
转向指示灯

边灯

奥迪A6轿车LED前照灯构造图

未开转向灯，边灯没点亮时的光照效果

打开左转向灯后，边灯点亮时的光照效果

日间行车灯

LED 前照灯 VS 76 个 LED 芯片

冷却元件

全新奥迪 A8 豪华轿车的每一个车头灯内包含了 76 个 LED 芯片：其中 44 个负责日间行车灯，它点亮时会突然以亮黄色跳动；另外 16 盏 LED 负责近光照明；远光照明则由 8 个 LED 灯负责。

此外，新款 A8 的前照灯有两个附加光源：4 个 LED 芯片为一组，分别整合于两个较小的反射镜之中，负责执行转弯、全天候和高速公路照明功能。一旦达到一定速度，高速公路光束就会自动开启，提供能够照亮前方更长距离的附加照明灯，为驾驶人提供更长距离的可见度。

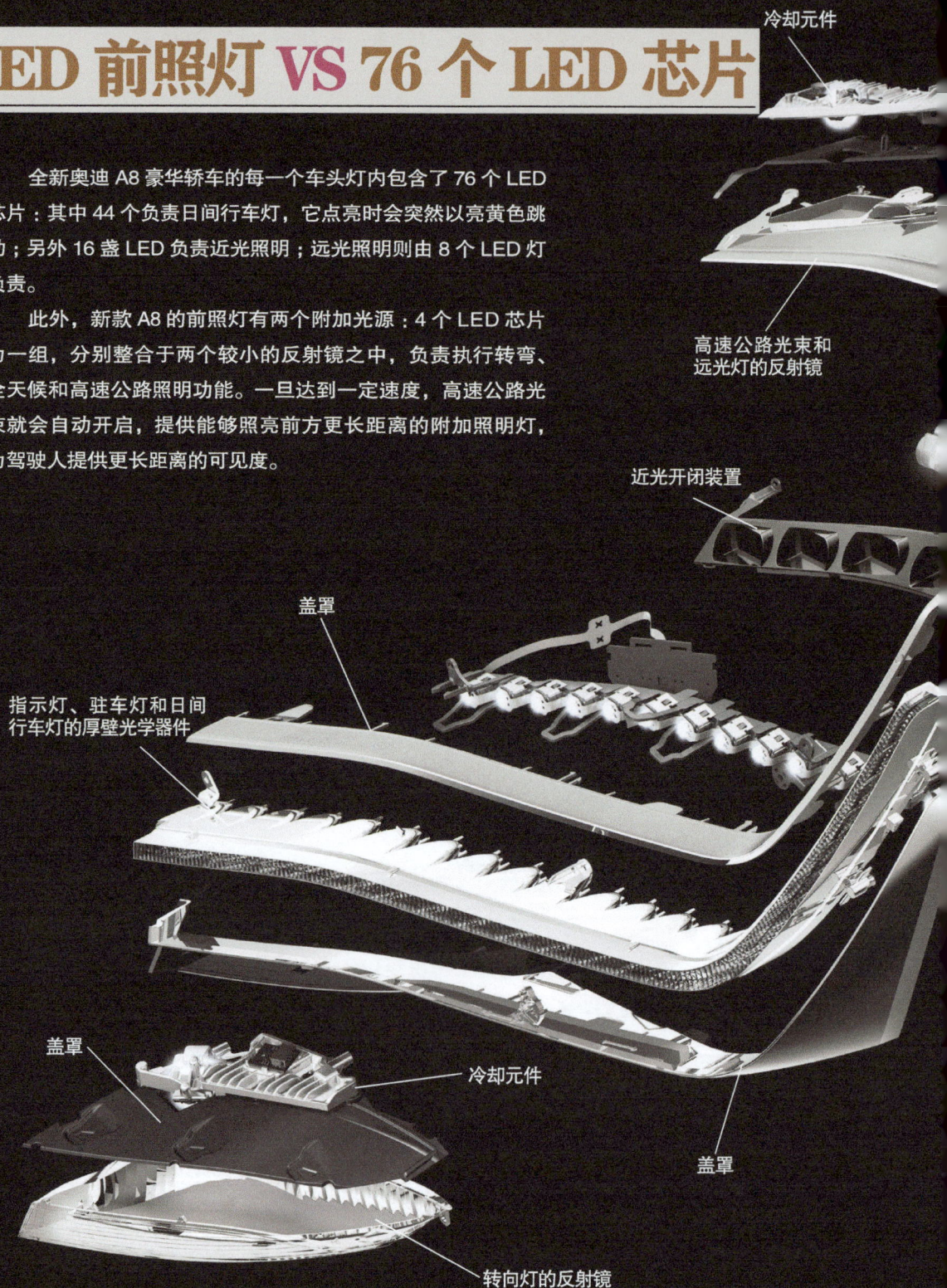

高速公路光束和
远光灯的反射镜

近光开闭装置

盖罩

指示灯、驻车灯和日间
行车灯的厚壁光学器件

盖罩

冷却元件

盖罩

转向灯的反射镜

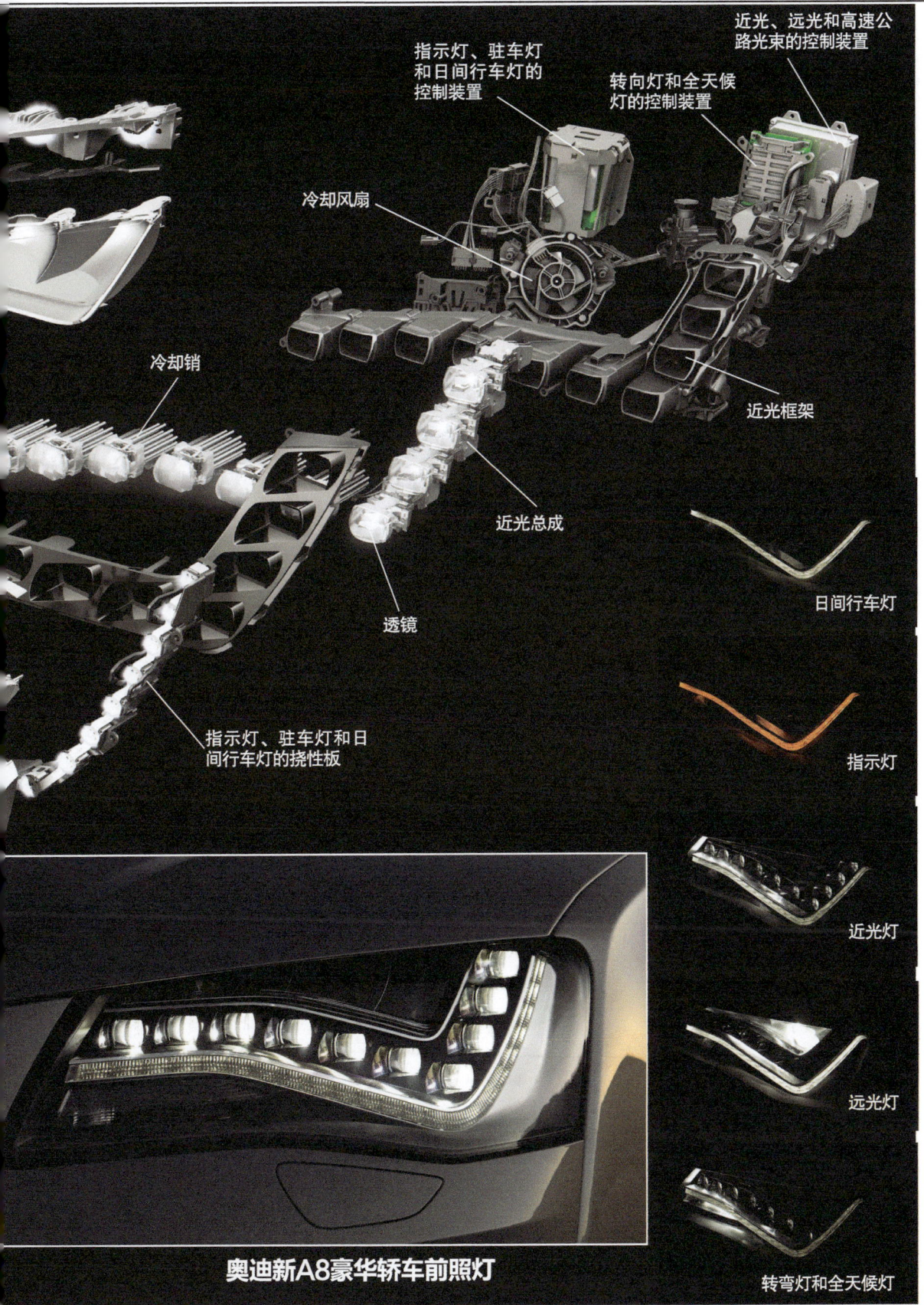

近光、远光和高速公路光束的控制装置

指示灯、驻车灯和日间行车灯的控制装置

转向灯和全天候灯的控制装置

冷却风扇

冷却销

近光框架

近光总成

透镜

日间行车灯

指示灯、驻车灯和日间行车灯的挠性板

指示灯

近光灯

远光灯

奥迪新A8豪华轿车前照灯

转弯灯和全天候灯

全天候灯 VS 雾灯

全天候灯现在已替代了传统的雾灯，它与传统雾灯有两大不同：一是它与前照灯整合在一起；二是当在下雨潮湿的路面行驶时，它会自动调整，以防被自己车的灯光反射眩目。

由于雾灯被全天候灯所取代，因此在这样的汽车上已看不到设置下方的雾灯。

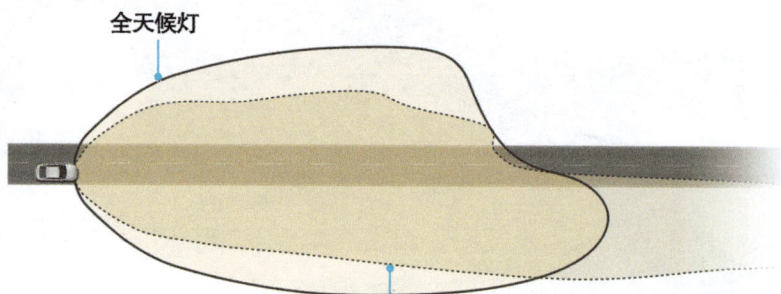

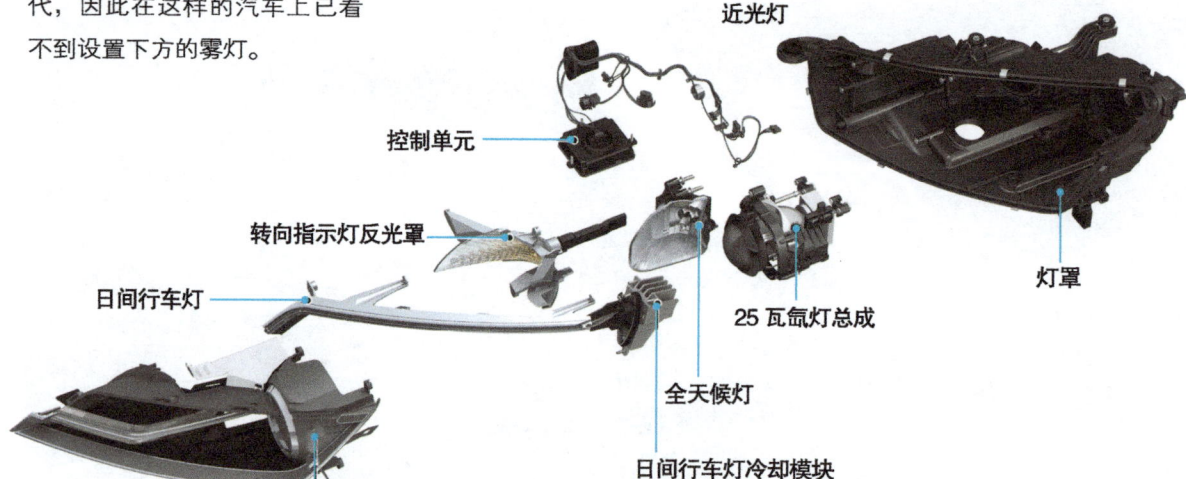

全天候灯

近光灯

控制单元

转向指示灯反光罩

日间行车灯

全天候灯

25 瓦氙灯总成

灯罩

日间行车灯冷却模块

装饰设计

奥迪TT COUPE 增强版氙气前照灯构造图

控制单元

日间行车灯

边灯和全天候灯

近光灯

灯罩

远光灯

转向指示灯

装饰设计

奥迪TT COUPE LED前照灯构造图

自动前照灯 VS 光线传感器

自动前照灯系统中有两个光线传感器，一般都固定在车内后视镜与前风窗玻璃之间，一个用来检测车辆前方的光线，一个用来检测车辆周围的光线。事先设定一个光亮度区间，当前方或周围的光亮度低于设定亮度区间的下限时，就会将信息传递给中央控制单元，由中央控制单元指挥前照灯点亮；当前方或周围亮度高于设定亮度区间的上限时，前照灯就会熄灭。

① 固定位置
② 光线传感器
③ 前方光线传感器
④ 周围光线传感器
⑤ 中央控制单元
⑥ 前照灯

雷诺汽车自动前照灯控制系统示意图

雨感刮水器 VS 雨量传感器

雨感刮水器的核心部件是雨量传感器。它可以检测落在前风窗玻璃上的雨量，然后将信号传递到中央控制单元，由它来控制刮水器电动机的工作。

雨量传感器有多种形式，如红外线等。右图是法国雷诺公司采用的二极管传感器，它利用发光二极管向风窗玻璃投射光线，如果有雨滴落在玻璃上，就会反射光并被光敏二极管接收，光敏二极管的电压就会发生变化。二极管有一个设定好的电压值，当超过这个电压值后，中央控制单元就会指挥刮水器的电动机工作，并根据电压值的大小来自动调节刮水器的工作频率。

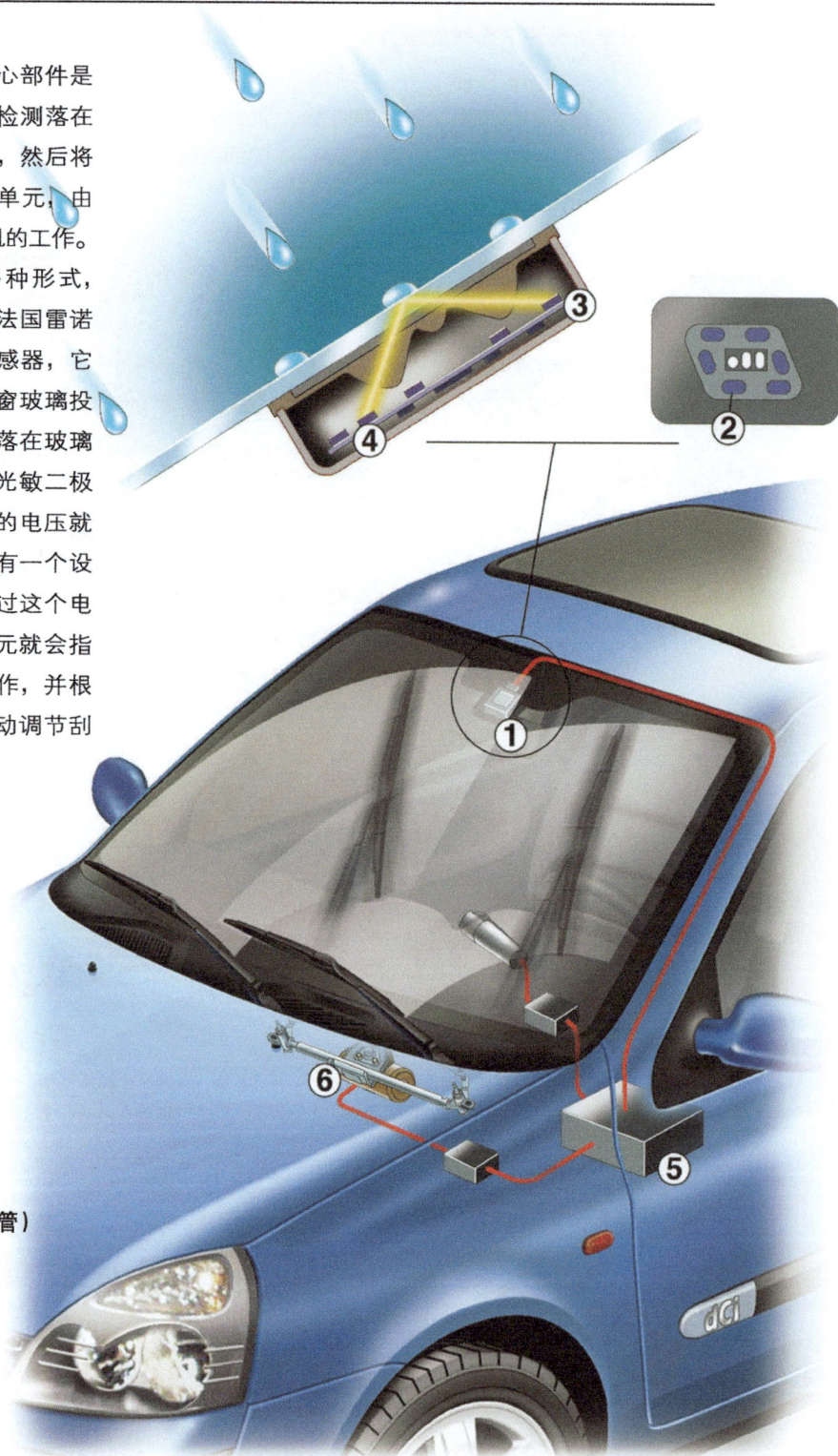

① 固定位置
② 雨量传感器
③ 发光二极管
④ 接收二极管（光敏二极管）
⑤ 中央控制单元
⑥ 刮水器电动机

雷诺汽车自动刮水器控制系统示意图

抬头显示 VS 平视系统

抬头显示（Head-up Display, 简称 HUD）也称平视显示系统，它默认显示行车速度，还可以显示自适应巡航（ACC）的相关信息以及导航的路口转向等信息。驾驶人几乎不需要低头观看仪表盘就能了解行车和导航信息，极大地提高了行车的安全性。

HUD 的构造主要包括两个部分：资料处理单元与影像显示装置。资料处理单元是将行车各系统的资料如车速、导航等信息整合处理之后，转换成预先设定的符号、图形、文字或者数字的形态输出；影像显示装置安装在仪表板上方，接收来自资料处理装置的信息，然后投射在前风窗玻璃的全息半镜映射信息屏幕上。如下图所示，显示内容先被投射在固定矫正镜上，然后反射到旋转矫正镜，再投射到前风窗玻璃上，最后在驾驶人面前一定距离显示模拟图像。

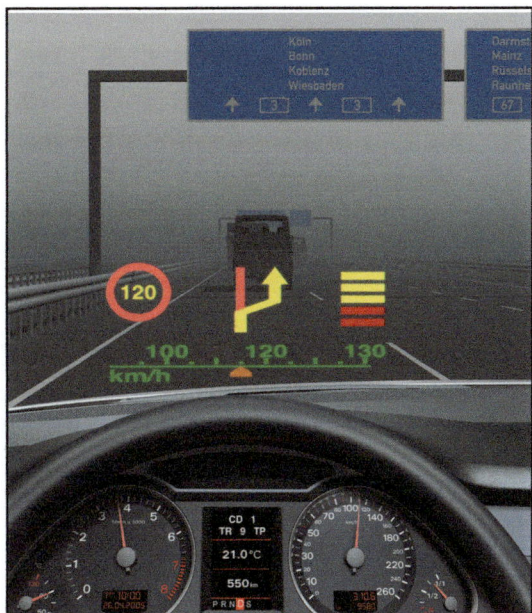

奥迪A6轿车抬头显示系统

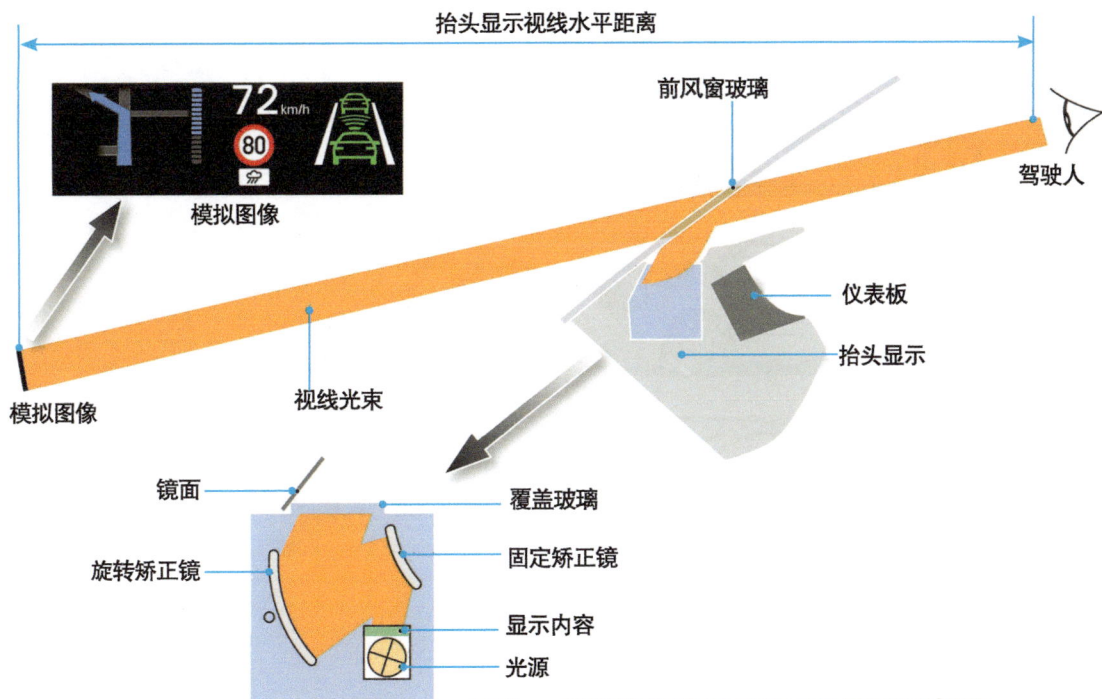

奥迪A6轿车抬头显示系统工作原理示意图

硬顶敞篷 VS 空气围脖

折叠顶篷分软顶和硬顶两大类，其中软顶还分自动折叠和手动折叠两种。奔驰、宝马、标致等车型都采用硬顶折叠顶篷。轻触顶篷按钮或遥控钥匙，顶篷就会在 20 秒左右打开，然后被自动收入行李箱中。关闭也是自动的，只需按下操作按钮，顶篷即可自动从行李箱中伸展出来，并严丝合缝地扣在车顶上。

当汽车受到后面追尾碰撞时，头枕会自动给驾乘人员的头部一个支撑力，减小其受伤害的危险

奔驰SL硬顶敞篷汽车构造图

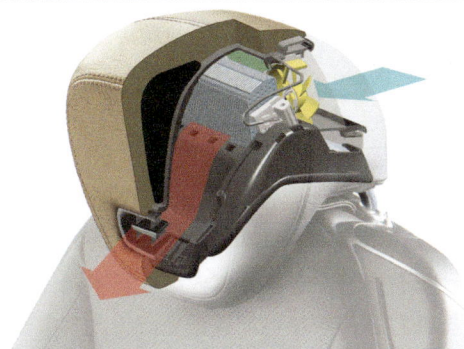

加热装置 ———— 风扇

冷空气

暖风

奔驰 SL 敞篷汽车的头枕还可以向驾乘人员的脖颈处提供暖风，有"空气围脖"之称

折叠后的顶篷被收纳于行李箱中

奔驰SL汽车安全车身

如果把普通汽车看作是一个封闭的金属盒子，那么敞篷汽车就是一个开口的盒子。相对而言，在受到撞击时开口的盒子比闭口的盒子更容易变形受损，这对于车内的乘员很危险。因此在设计敞篷汽车时对其车身安全性要特别给以重视，车身防撞结构比普通汽车更加坚固，车身刚性也相对更高

软顶敞篷 VS 折叠式

软顶敞篷汽车是敞篷车的鼻祖，早期的敞篷车都是软顶的，到了1934年才出现硬顶敞篷。软顶敞篷通常采用帆布、乙烯或塑料等制作，它比较轻便，配合可折叠的支架，可以很方便地折叠，占用空间也较小。早期的软顶敞篷都是手动折叠，而且后放置在车尾外部。现在多数软顶敞篷车（如下图迷你敞篷车）基本都像硬顶敞篷那样，可以电动折叠顶篷并自动将其收纳在行李箱内，也可以自动打开行李箱将顶篷覆盖好（如下图奔驰敞篷车）。

迷你软顶敞篷汽车，顶篷在电动折叠后就放置在车尾外部

迷你软顶敞篷汽车

电动收纳机构

奔驰E350软顶敞篷汽车

顶篷电动开关机构

折叠后的顶篷
收纳于行李箱

折叠后的顶篷支架

顶篷电动开关机构

奔驰E350软顶敞篷汽车闭合顶篷和打开顶篷对比图

第四章 车身内饰件

汽车空调 VS 工作原理

当小孩发高烧时，最有效的物理降温法是用酒精来擦拭皮肤，酒精挥发时（由液体变成气体）就会带走孩子身上的热。也可以用烧开水来比喻，当水烧开时，水便由液体变成了气体，在此过程中水吸收了很多热量。空调正是利用了这个原理：通过压缩机把制冷剂由气体压缩为液体，也就是先对制冷剂进行"液化"。此后，再通过管路把液态制冷剂释放到压力正常的环境中，制冷剂在汽化的过程中吸收热量，从而冷却了周边的空气。

为了将汽化后的制冷剂再变成液体并释放出它携带的热量，采用空气压缩机以高压压缩制冷气体，使它转变成液体后再循环使用，这样就可持续地制冷。

压缩机由发动机驱动，因此只有在汽车起动后，空调系统才会工作。

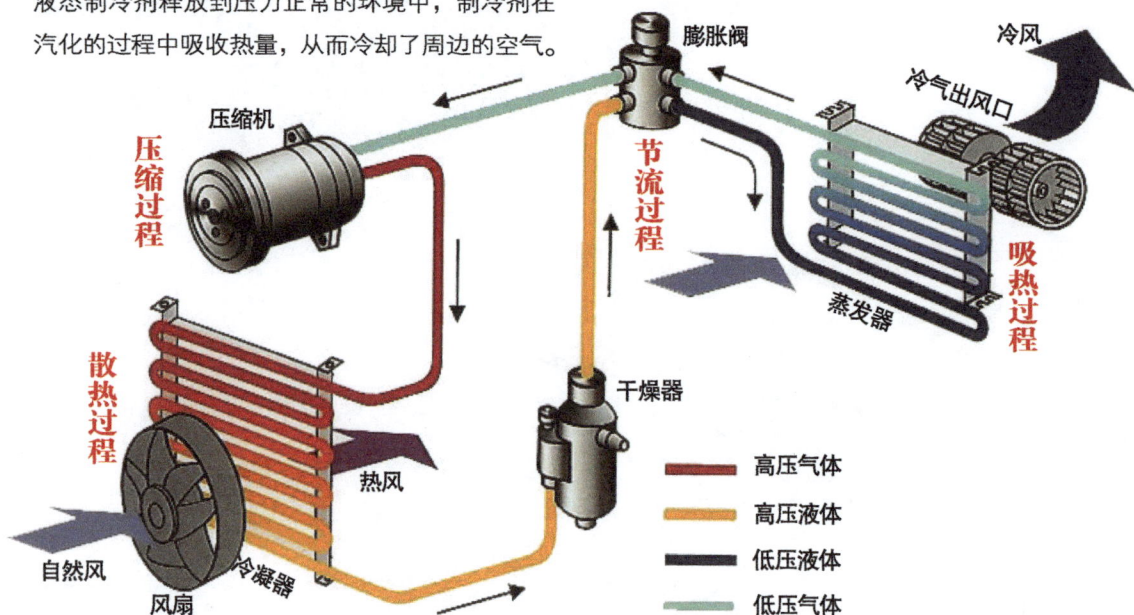

汽车空调工作原理示意图

空调系统工作时，制冷剂以不同的状态在这个密闭系统内循环流动，每个循环又由四个基本过程组成：

压缩过程

压缩机吸入蒸发器出口处低温低压的制冷剂气体，把它压缩成高温高压的气体排出压缩机。

散热过程

高温高压的过热制冷剂气体进入冷凝器，由于压力及温度的降低，制冷剂气体冷凝成液体，并排出大量的热量。

节流过程

温度和压力较高的制冷剂液体通过膨胀装置后体积变大，压力和温度急剧下降，以雾状（细小液滴）排出膨胀装置。

吸热过程

雾状制冷剂液体进入蒸发器，因此时制冷剂沸点远低于蒸发器内温度，故制冷剂液体蒸发成气体。在蒸发过程中大量吸收周围的热量，而后低温低压的制冷剂蒸气又进入压缩机。

上述过程周而复始，达到降低温度的目的。

手动空调 **VS** 自动空调

手动空调

手动空调只能调节吹风量、冷热程度，如果感觉车内温度不合适，还要手动调节吹风量和出风口温度。

手动空调所能调节的变量有三个：压缩机开启与否、风扇排风量和出风口温度。

车辆起动后，压缩机开启与否由带动它的离合器决定，驾驶人没法调节，手动空调中压缩机会一直工作。而风扇排风量要靠风扇转速来控制，这需要靠人工调节。

出风口温度则是通过一个阀门控制，根据阀门开启的角度来混合自然风、发动机带来的热风和空调系统制造出来的冷风。这也需要人工来调节。

由于手动空调的压缩机一直在工作，冷气只能在出风口处混合外来的热气才能达到合适的温度要求，这显然浪费了压缩机的能量。同时，如果感觉温度不适合，还要不停地调节排风量或出风口温度，使用起来很不方便。

自动空调

自动空调使用起来很方便，只要设定一个你需要的温度，空调系统便会按照这个目标温度自动去运行，当传感器检测到车内温度高于设定温度时，电控单元便会指挥电磁离合器接合，使压缩机开始运行，排风量也会加大；当车内温度低于设定温度后，电控单元就会指挥电磁离合器分离，使压缩机停止运行，同时减小排风量等，以便让车内保持所设定的温度。

奥迪A6轿车空调和暖风系统示意图

自动空调 VS 分区空调

自动空调的出现使车内空气温度调节更灵活，比如让前排和后排温度不一样，以满足前排及后排人员的不同需求。其实，如果前排人员调节到一个温度，如24℃，那么当冷气到达后排时，其温度也可能要比前排高一些。

为此，将前排和后排，前排左座和前排右座，甚至后排左座和后排右座，分别设定不同的温度，进行独立的温度控制，让车内形成不同的温度区域，这就是分区空调所要达到的目的。

当你了解自动空调的原理后，就会知道分区空调的原理其实很简单。当负责某一区域的传感器检测到这个区域的温度数据后，就根据该位置上乘客设定的温度来控制相应的出风口继续输送冷风或者停止制冷。只要出风口设置得足够多，

就可以实现更多的分区温度控制。相邻区域的乘客可以选择令自己感觉舒适的不同温度，负责这部分空间的传感器检测到这个空间的实际温度后，与所设定的温度进行比较，然后由电控单元来控制这个空间的出风口是继续输送冷风还是停

止制冷。每个区域或空间的温度调节与控制完全不受其他区域的影响，也不会影响到别人。

为了能更好地控制温度，许多豪华车型上都加装了专门为后排乘客服务的独立空调。这样可以使后排的温度控制更精确，更迅速。

四区空调出风口示意图

空调调节 VS 控制面板

不论是手动空调还是自动空调，它们都能调节吹风方向和排风量，不同的是，手动空调的出风口温度调节钮上没有数字，而自动空调上有数字。

自动空调也都设有手动模式，也可以像手动空调那样直接调节排风量。当调节吹风量时，就直接进入手动模式；当按下 AUTO 键后，就返回到自动模式。

分区空调也可以将两个区域的温度同步调节，当按下 DUAL 键后，就可同步调节车内温度。

手动空调需要调节吹风方向、排风量和出风口温度

自动空调设定温度后，便会根据目标温度自动运行

分区空调允许相邻座位的乘员分别按照自己的意愿调节温度

一些豪华轿车的后排专门设有独立的空调系统，左右座乘员可以独立调节自己区域的温度

手动座椅 VS 电动座椅

在长时间驾驶中，驾驶人和乘员都是依靠座椅来保持姿势和减轻疲劳的，因此座椅的厚度、软硬度、调节方式及加热功能、通风功能、按摩功能等，对驾乘舒适性影响都很大。

座椅调节方式分手动和电动两种。电动座椅的调整基本是依靠微型电动机达到目的的。在座椅内部装有多部微型电动机，它们分别驱动一些调节机构，从而使座椅靠背、坐垫、头枕等按照一定方向进行运动。

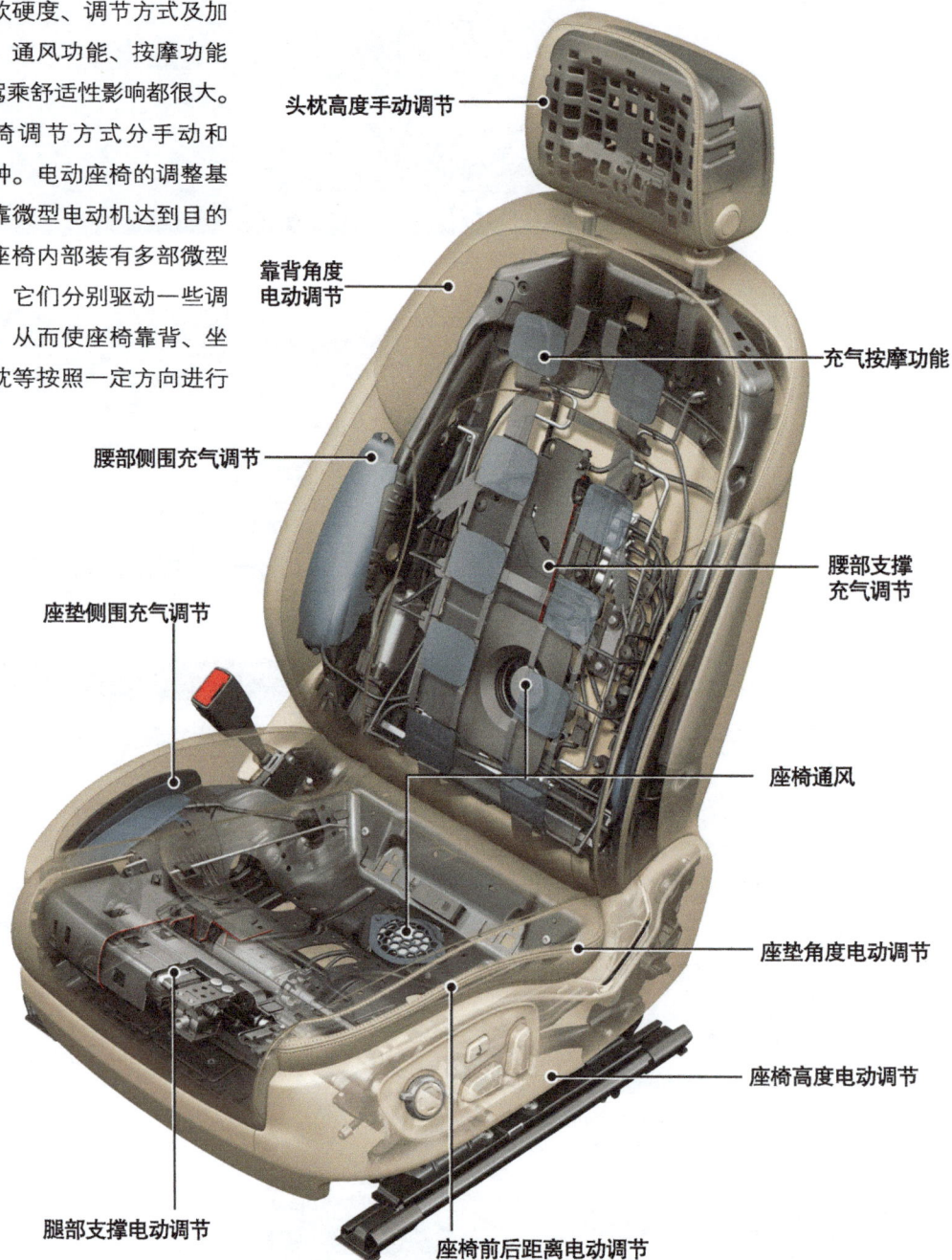

头枕高度手动调节

靠背角度电动调节

充气按摩功能

腰部侧围充气调节

腰部支撑充气调节

座垫侧围充气调节

座椅通风

座垫角度电动调节

座椅高度电动调节

腿部支撑电动调节

座椅前后距离电动调节

奥迪A6轿车驾驶座椅构造透视图

主动头枕 **VS** 保护颈椎

当汽车受到后方车辆的撞击时，车内驾乘人员的头部会有一个向后猛甩的动作，很容易造成颈椎受伤。主动头枕则可以在撞击的瞬间将头枕向前和向上伸展，从而可以"托着"头部，使驾乘人员头部免受伤害。

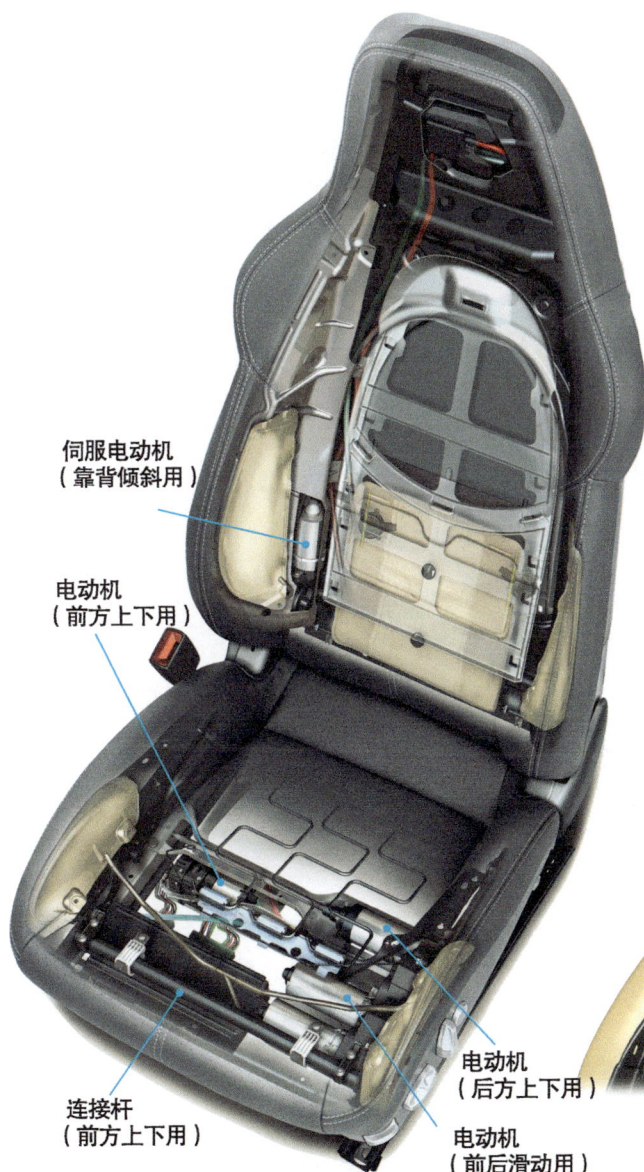

伺服电动机
（靠背倾斜用）

电动机
（前方上下用）

连接杆
（前方上下用）

电动机
（后方上下用）

电动机
（前后滑动用）

电动调节座椅中电动机示意图

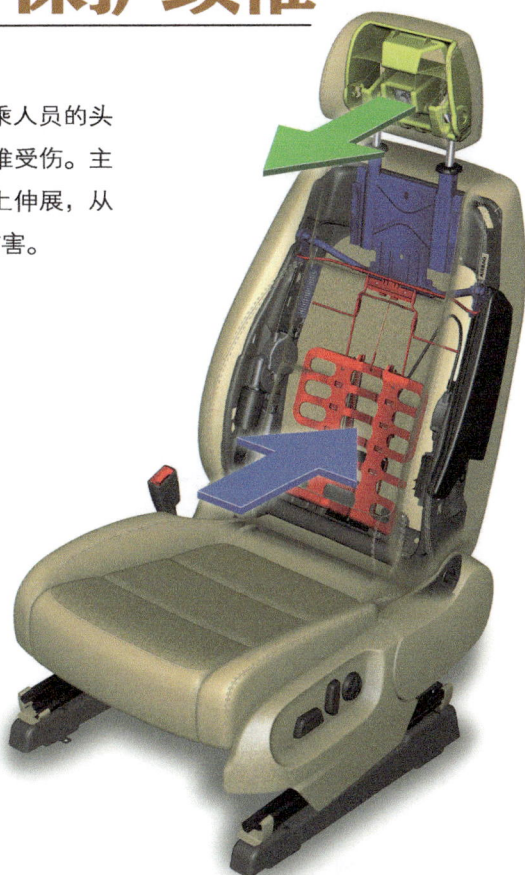

当车辆受到后方撞击时，乘员的身体撞击座椅靠背（图中蓝色箭头），头枕便会自动向上升起（图中绿色部分），并使头枕向前托着头部（图中绿色箭头），从而保护头部不受伤害

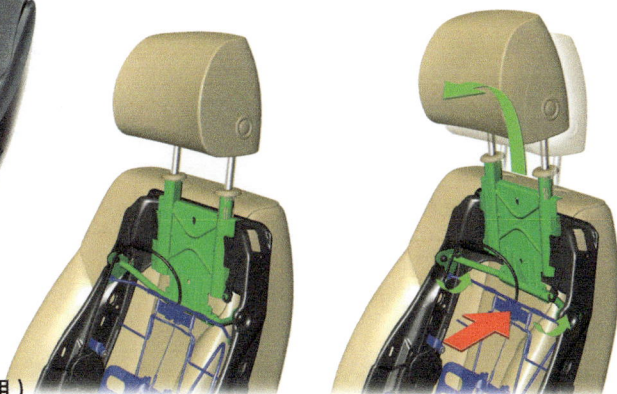

当车辆受到后方撞击时，乘员的身体撞击座椅靠背（图中红色箭头），头枕便会自动向上升起（图中绿色部分），从而使头枕向前托着头部，保护头部不受伤害

主动头枕示意图

座椅加热 VS 座椅通风

座椅加热功能是采用碳纤维加热元的方式，在加热垫的整个加热区域上并联或串联许多微小的碳纤维网，它可以使加热更均匀。座椅通风系统则采用电动风扇配合多孔皮革，可以使座椅表面的空气也能流通，降低座椅表面温度。座椅加热与座椅通风相配合，就可为驾乘人员调到合适的座椅温度。

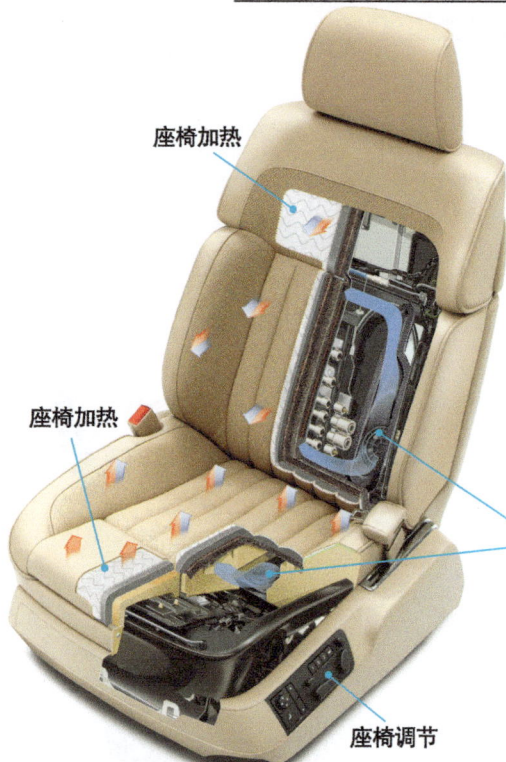

座椅加热

座椅加热

通风风扇

座椅调节

座椅加热和通风功能示意图

反转风扇

奔驰车型首次将反转风扇用于主动式座椅通风系统中。其特点是风扇的旋转方向以及座椅结构内部的气流可以反转。当通风功能刚刚启动时，周围较冷的空气会被吸到座椅表面上方，从而使座椅的表面温度快速下降。4分钟后，风扇将自动切换到风机模式以减弱气流，从而继续保持这种舒适感。座垫中的4个风扇、靠背中的2个风扇与多孔皮革相互配合，确保驾乘人员身体与座椅接触的部分拥有统一的相对空气温度。风力强度可根据个人要求进行三级调节。

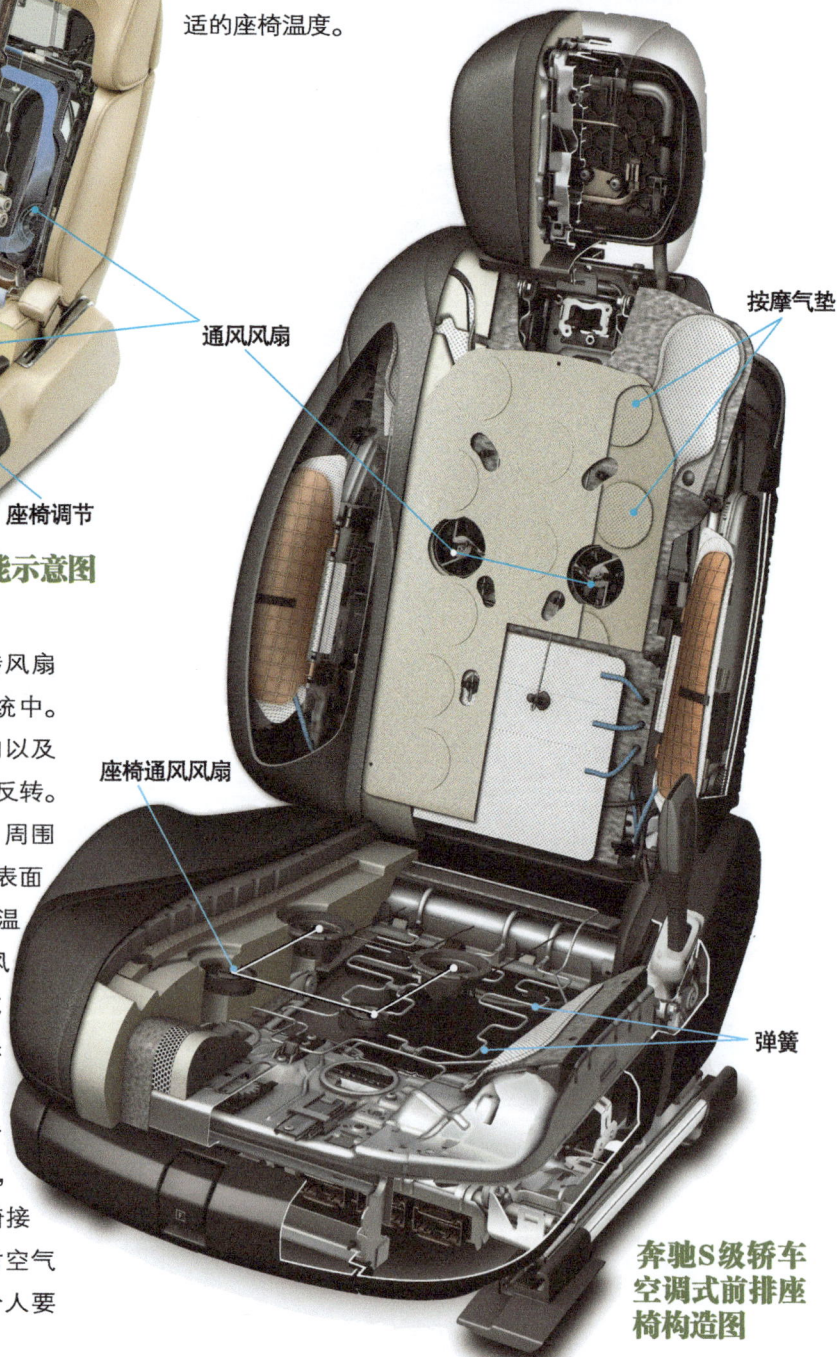

按摩气垫

座椅通风风扇

弹簧

奔驰S级轿车空调式前排座椅构造图

撞车保护 VS 预紧式安全带

人们在研究汽车安全带的性能时发现，如能在碰撞发生的瞬间把安全带拉紧几厘米，使发生正面碰撞时驾乘人员不会因惯性作用而先向前冲，而是紧紧地贴在座椅靠背上，这样的安全带会更大限度地保护驾乘人员，因此，"预紧式安全带"诞生了。

预拉紧装置有多种形式，常见的预拉紧装置是一种爆燃式的，由气体引发剂、气体发生剂、导管、活塞、绳索和驱动轮组成。

当汽车受到碰撞时，预拉紧装置被激发，密封导管内底部的气体引发剂立即自燃，引爆同一密封导管内的气体发生剂，气体发生剂立即产生大量气体膨胀，迫使活塞向上移动拉动绳索，绳索带动驱动轮旋转，进而使卷收器卷筒转动，织带被卷在卷筒上被回拉。最后，卷收器会紧急锁止织带，固定驾乘人员身体，防止身体前倾，避免与方向盘、仪表板和风窗玻璃碰撞。

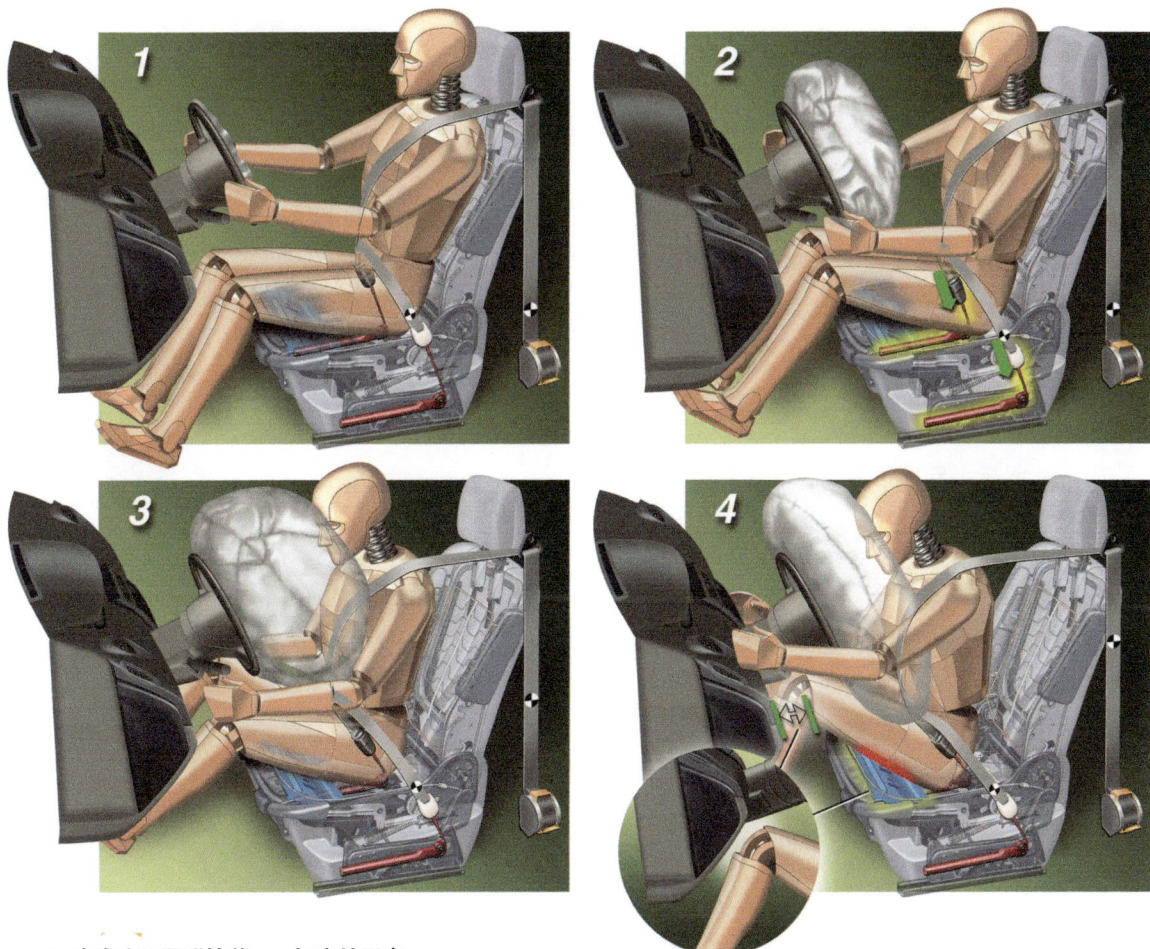

1. 在发生正面碰撞前，一切安然无事
2. 在碰撞的瞬间，预紧式安全带的横带在第一时间拉紧（图中绿色箭头所示），安全气囊开始启爆
3. 人体开始向前倾，并带动竖带开始释放，横带被锁止不动，安全气囊越来越大
4. 安全带继续释放到极限，安全气囊也百分百充满气体，由于安全带被预先拉紧，避免人体膝盖碰到方向盘下部

安全气囊 VS 爆炸装置

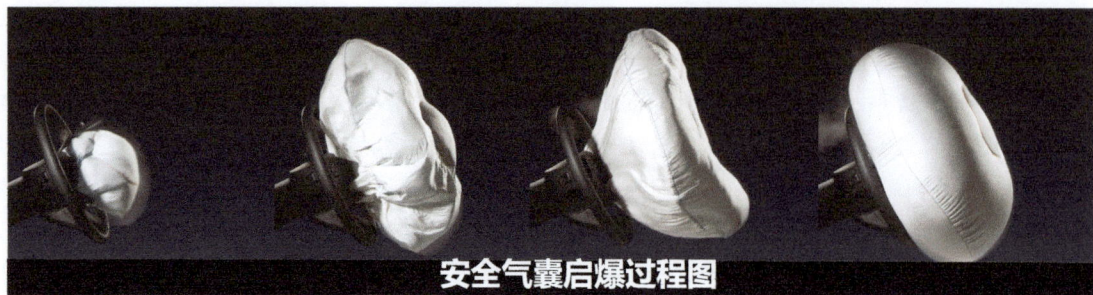

安全气囊启爆过程图

安全气囊由折叠好的气囊、充气器、点火器、氮气固态粒子和相应的加速度传感器、控制器等组成。它的工作过程是：当碰撞发生时，控制器根据传感器发出的加速度信号，识别和判断碰撞的强度，当碰撞强度达到设计条件时，引爆气囊的传感器迅速触动点火器并引爆炸药，爆炸时产生的氮气固态粒子迅速充满气囊，使气囊膨胀起来，以缓冲前排乘客所遭受的冲击力，主要保护其头部不受伤害。

由此看来，安全气囊就是个爆炸装置，但它不会轻易启爆。一般说来，只有以一定速度撞击硬性物体时，汽车的安全气囊才可能会打开，汽车后碰、翻转或较低车速碰撞时，甚至轿车追尾钻入大货车尾部中时，安全气囊都不一定能启爆。

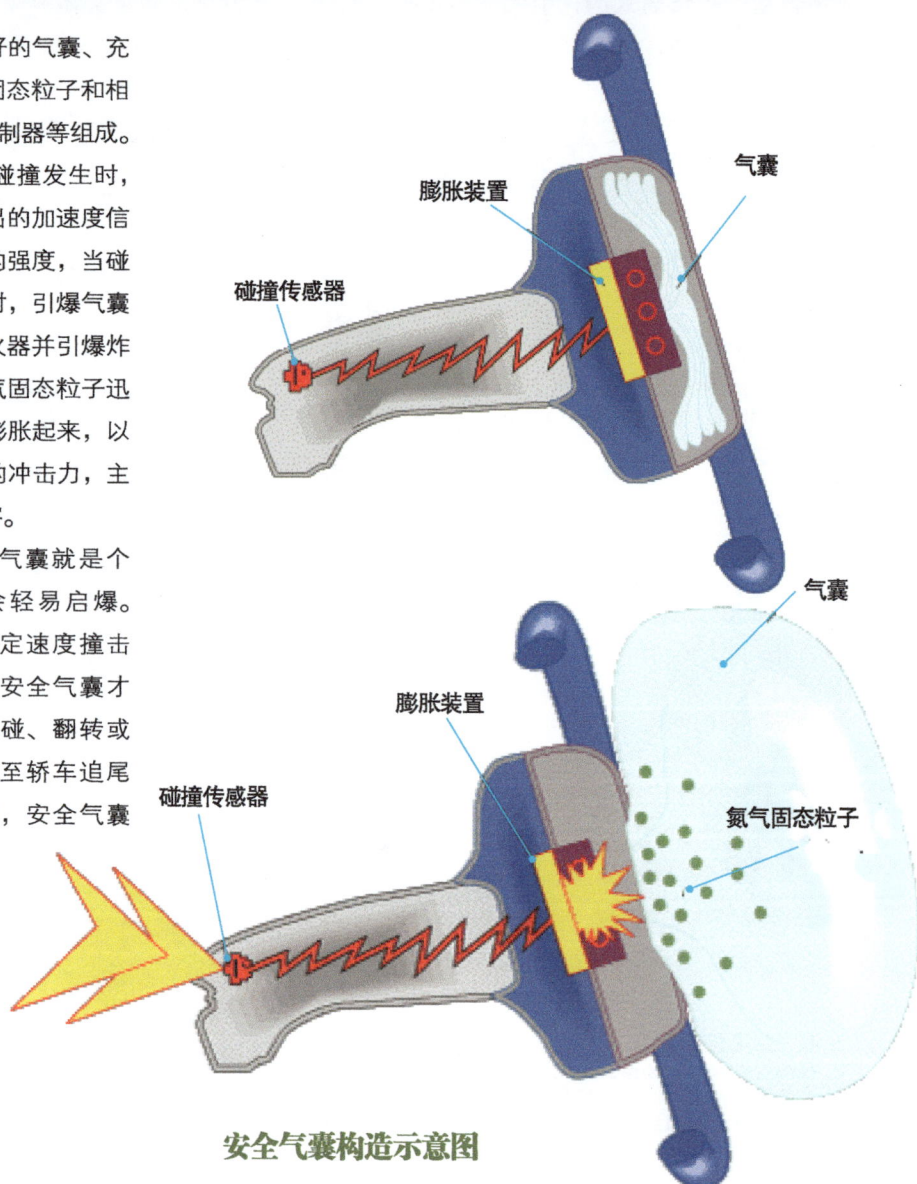

气囊

膨胀装置

碰撞传感器

气囊

膨胀装置

碰撞传感器

氮气固态粒子

安全气囊构造示意图

正面碰撞安全气囊传感器

侧面碰撞安全气囊传感器

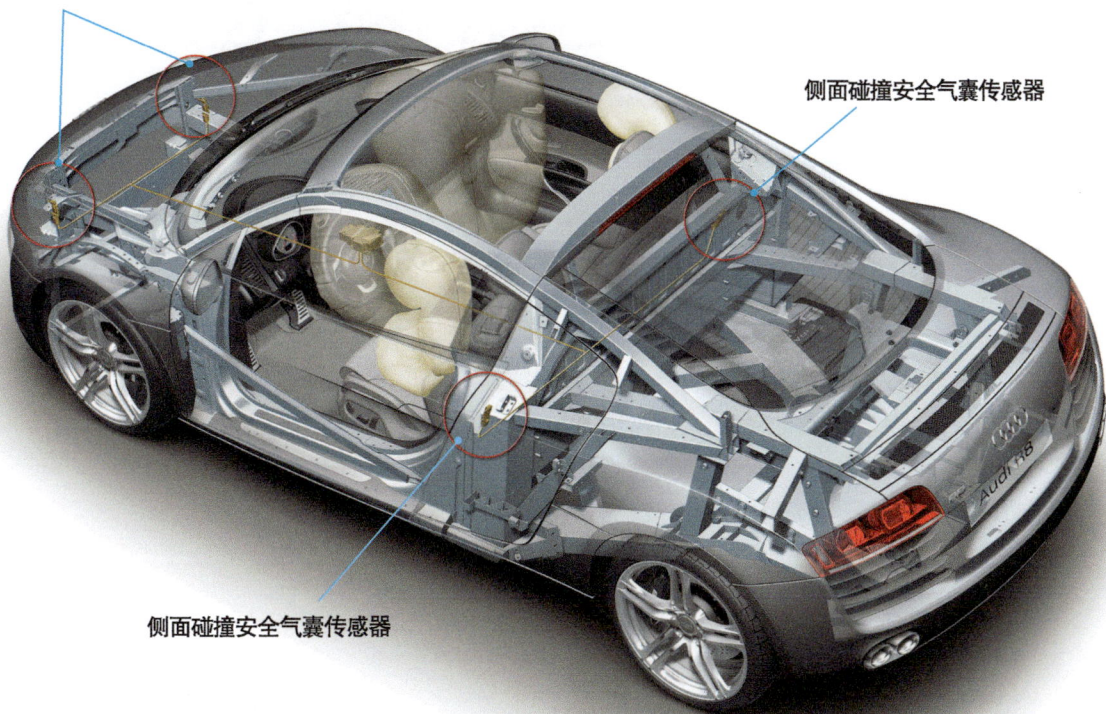

侧面碰撞安全气囊传感器

安全气囊碰撞传感器示意图

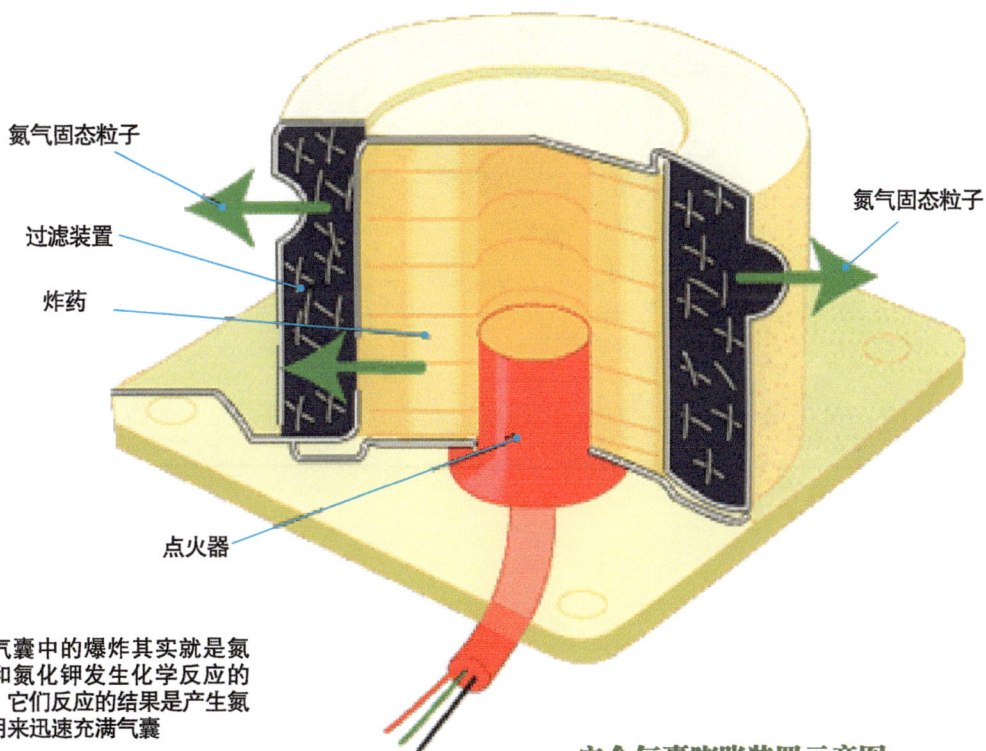

氮气固态粒子

过滤装置

炸药

氮气固态粒子

点火器

安全气囊中的爆炸其实就是氮化钠和氮化钾发生化学反应的过程，它们反应的结果是产生氮气，用来迅速充满气囊

安全气囊膨胀装置示意图

转向柱 VS 拦腰折断

所有的安全防护装置都是为了保护车内驾乘人员在车辆发生碰撞时不受伤害。在车辆受到前方碰撞时，由于受到前方部件后移的挤压，方向盘可能也会随之后移而挤压驾驶人的胸部，从而伤害到驾驶人。为了防止这种情况发生，设计人员将转向柱设计成可折断式，当汽车受到前方碰撞时，转向柱在中间某个位置断开，不会向后挤压驾驶人。

由上图可看出，如果转向柱在碰撞时不折断，它可能会后移一段距离，从而挤压驾驶人的胸部

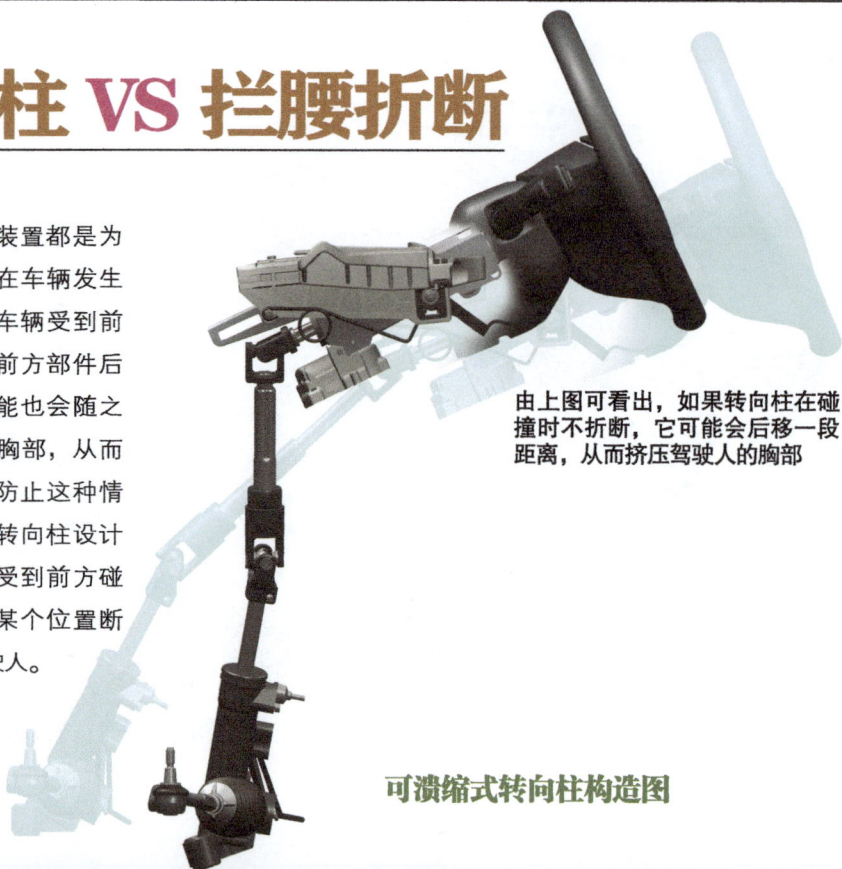

可溃缩式转向柱构造图

Volvo Cars Safety Centre

沃尔沃汽车溃缩式转向柱示意图

安全带 VS 安全气囊

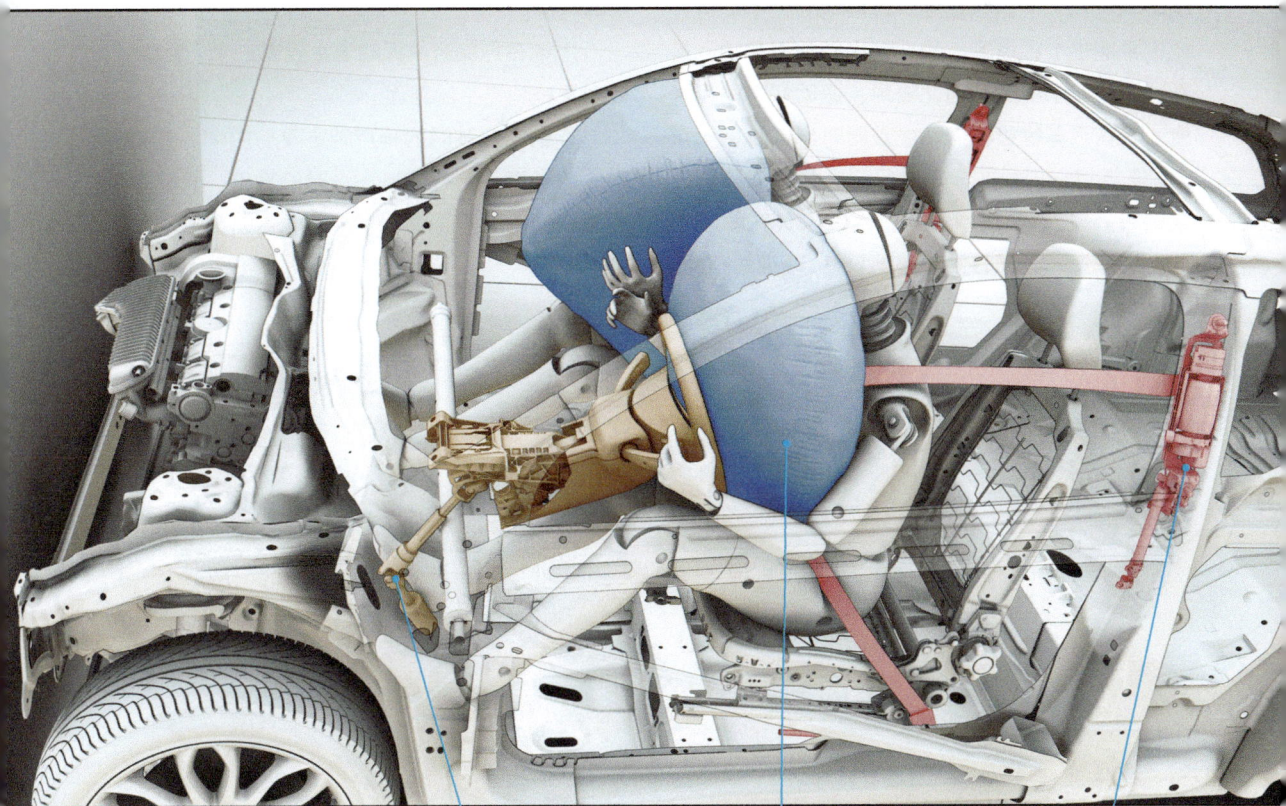

转向柱自动折断　　　安全气囊自动启爆　　　安全带自动预拉紧

安全防护是一个系统工程，许多安全防护装置是建立在其他安全防护装置的基础上。如只有系上安全带，安全气囊的防护才能有效，否则安全气囊就成了一个爆炸装置，反而可能对前排乘员造成伤害。因为安全气囊在设计时是以前排驾乘人员系上安全带为前提的，或者说安全气囊是个定向爆炸装置，系上安全带的人员正好处于它的保护范围内。如果驾乘人员没系安全带，在车辆受到前方碰撞时，人员身体就可能冲向任何方向，不仅得不到保护，反而会造成更严重的伤害。

同样，如果驾驶人不系安全带，即使转向柱在碰撞中已经自动折断，但驾驶人仍然可能冲向前方而受到方向盘的挤压。

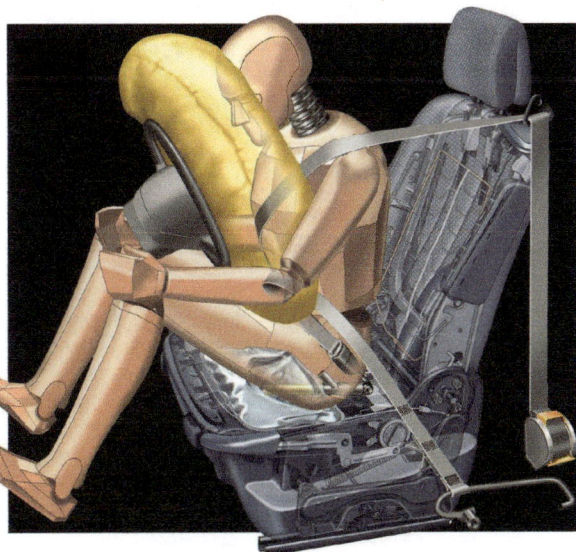

NVH 设计 VS 噪声和振动

NVH 即 Noise（噪声）、Vibration（振动）和 Harshness（声振粗糙度，通俗地称为不舒适性或不平顺性）的缩写。噪声是由振动引起的，是通过振动波来传递，因此噪声、振动和声振粗糙度三者在汽车等机械振动中是同时出现且密不可分，通常把它们放在一起进行研究，并简称为汽车的 NVH 特性。简单地讲，驾乘人员在汽车中的一切触觉和听觉感受都属于 NVH 研究的范畴，

此外还包括汽车零部件由于振动引起的强度和寿命等问题。

车辆在行驶时的振动源主要有三个：发动机、传动系统和不平的路面。

车辆在行驶时的噪声则主要有四个：发动机产生的噪声、空气流过车身时的噪声、轮胎滚动和振动时的噪声，以及车身和底盘结构振动时产生的噪声。

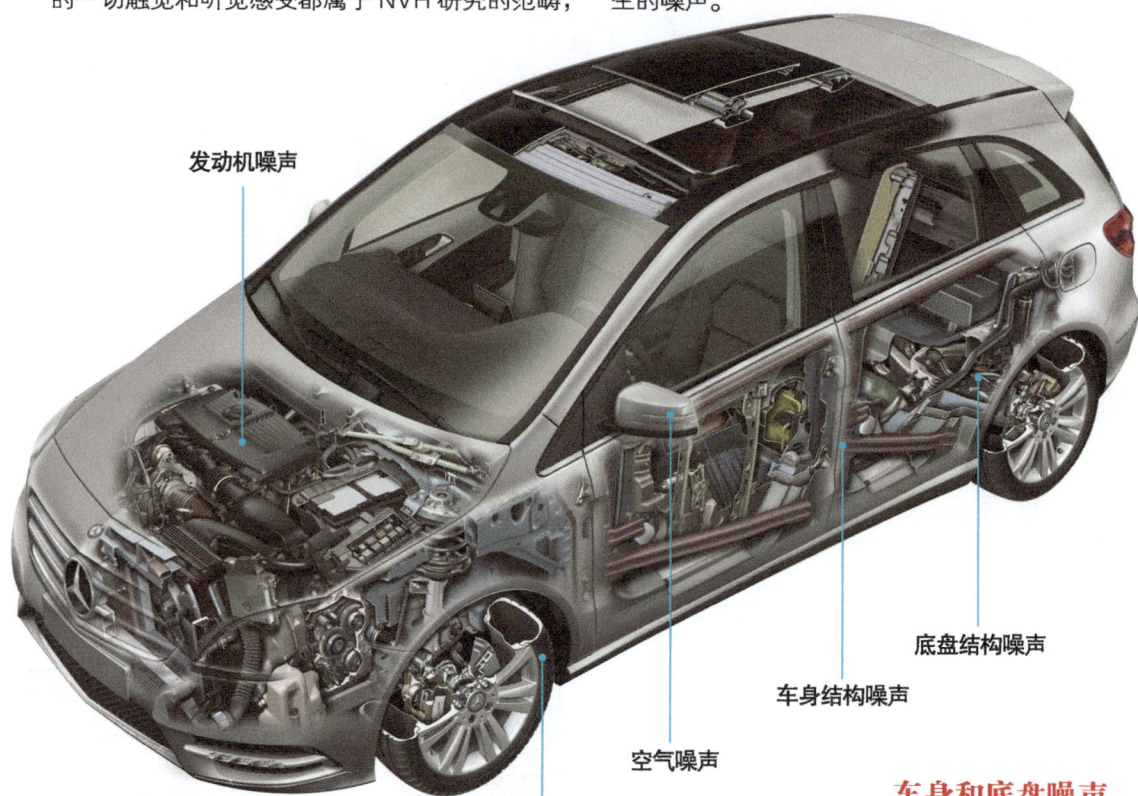

发动机噪声

底盘结构噪声

车身结构噪声

空气噪声

轮胎噪声

发动机噪声

发动机噪声主要包括燃烧噪声、机械噪声和排气噪声。燃烧噪声是指气缸燃烧压力通过活塞、连杆、曲轴、缸体等途径向外辐射产生的噪声；机械噪声是指活塞、齿轮、配气机构等运动件之间机械撞击产生的振动噪声；排气噪声是指发动机排气产生的声音。一般情况下，低转速时燃烧噪声占主要地位，高转速时机械噪声占主要地位

轮胎噪声

轮胎噪声主要来自泵气效应和轮胎振动。泵气效应是指轮胎高速滚动时引起轮胎变形，使得轮胎花纹与路面之间的空气受压挤，随着轮胎滚动，空气又在轮胎离开接触面时被释放，这样连续的"压挤释放"，空气就迸发出噪声。轮胎运行时的振动也会产生噪声，而且刚性越强或阻尼越小的轮胎，其振动噪声越大

空气噪声

汽车上的空气噪声主要包括风阻噪声和风笛噪声。风阻噪声是指空气流过车身时与车身之间的摩擦声，而且风阻越大的汽车，其风阻噪声越大，因此现在轿车都要设计成流线形，以减少空气噪声；风笛噪声是指空气进入或流出车身钣金缝隙时产生的噪声。车门、车窗等密封性越好的汽车，其风笛噪声越小

车身和底盘噪声

汽车在运动时，尤其是行驶在不平路面时，车身会产生一定的扭曲，此时车身钣金件在各种力的作用下就会产生一定的扭曲和振动，从而产生一定的噪声。底盘中的部件，尤其是传动和悬架结构等运动部件，在运行时也会因转动、扭动或振动而产生一定的噪声，尤其是汽车行驶在不平路面或高速行驶时，底盘噪声可能更大。这些噪声可能会通过底盘而传入车内

隔声设计 VS 隔声材料

为了隔绝和减小汽车噪声，在汽车设计中会耗费大量精力进行隔声设计。目前，针对汽车的噪声源进行有效的吸声、减振、密封和隔声设计措施有：

1）在发动机舱盖处粘贴防火隔声棉，隔声棉能大量吸收发动机运转时的噪声。

2）在发动机舱与驾乘室之间的前围板处安装隔声板，在仪表板下层安装防振垫，减少发动机噪声的传入。

3）在副车架上安装发动机、悬架、差速器时，利用具有缓冲作用的橡胶垫或衬套来吸收它们的振动。

4）在车厢内中央底盘、后车厢底盘上安装减振隔声垫及防水隔声棉、石棉垫等，其主要作用是缓解中央底盘、行李箱下底盘部件在高速行驶时由于钣金结构件的振动而引起的共鸣，减少轮胎噪声传递，降低由排气声传入后车厢的共鸣声压等。

5）在车门内饰件的内面贴上一层隔声棉，在门板的内侧粘贴减振垫，加装车门密封条以加强车门与车门框的密封性。这样不仅能加强车门的刚性，减少共鸣声，而且能有效降低汽车高速行驶的风噪声。

6）在前后轮侧围板处粘贴吸声材料，可减少行驶时减振器传入的声音，抑制和吸收轮胎噪声。

7）车厢内车顶粘上一层隔声棉，不仅能有效阻隔太阳酷晒，防止车厢内温度直线上升，并能有效减少雨天时雨滴撞击车顶的声音传入车内。

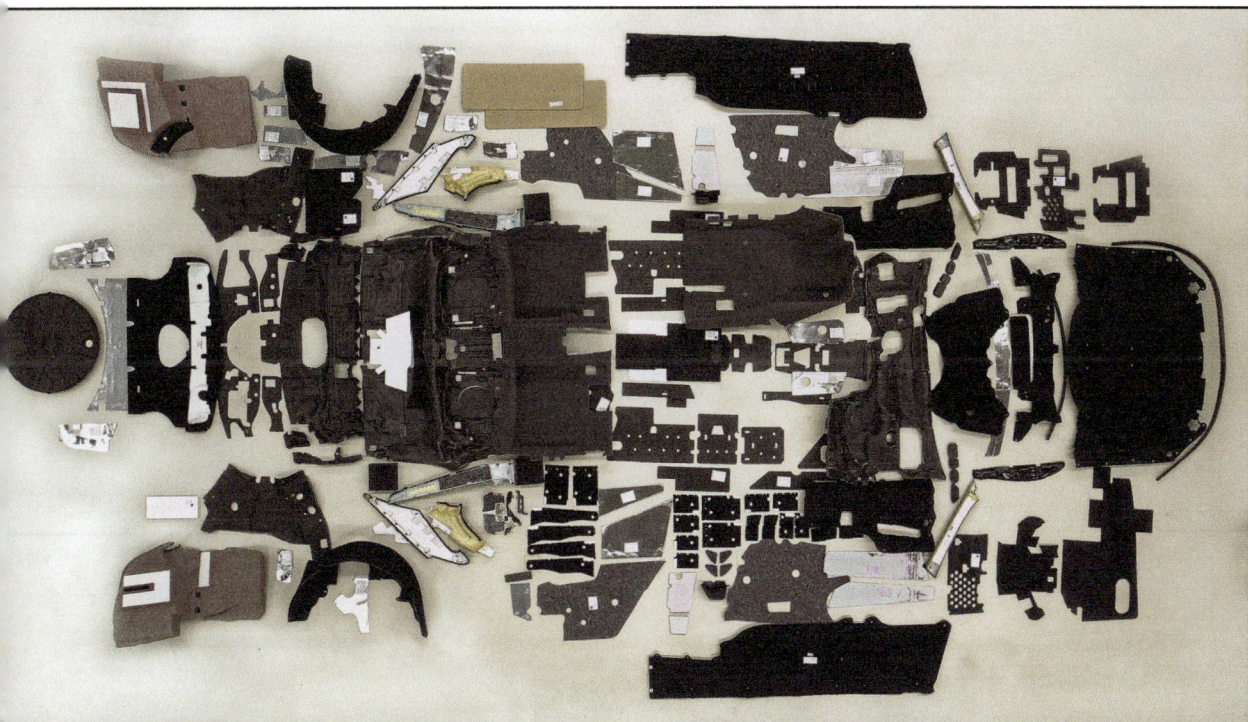

奔驰S级轿车共采用约170块独立的隔声材料

隔声材料 VS 静音有度

汽车上的隔声材料共分成四类：减振材料、吸声材料、隔声材料和密封材料。由于振动和噪声关系密切，防振动也是为了减小噪声，因此它们可统称为隔声材料。下图为奔驰S级轿车上的吸声和隔声材料分布图。

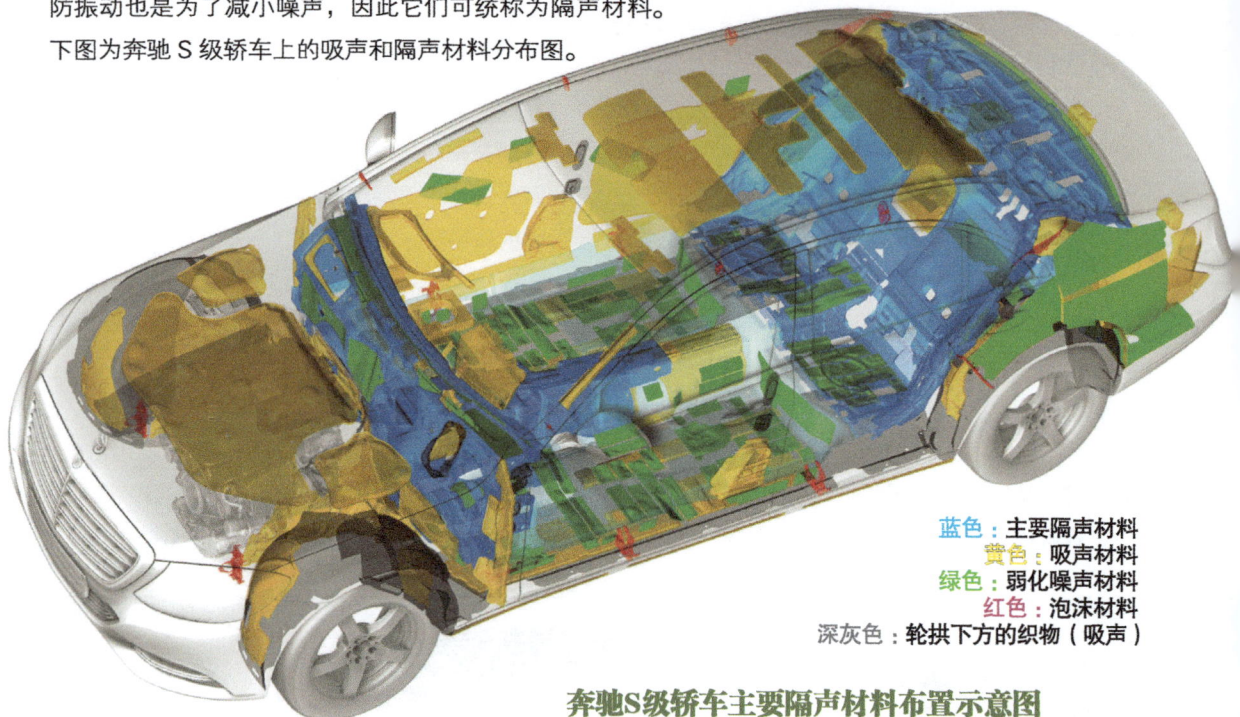

蓝色：主要隔声材料
黄色：吸声材料
绿色：弱化噪声材料
红色：泡沫材料
深灰色：轮拱下方的织物（吸声）

奔驰S级轿车主要隔声材料布置示意图

汽车不能没有噪声

汽车噪声是汽车性能的一部分，汽车不能没有噪声，或者说车厢内不能太安静，否则你可能会失去相应的行车信息。如果没有发动机噪声，你就没有加速感和驾驭感；如果没有风噪，你就可能失去速度感；如果没有胎噪，你可能会失去路感甚至方向感；还有，如果你听不到旁边车辆的超车声或听不到后方车辆的鸣喇叭，也会给自身带来危险。汽车隔声要根据车型定位做到恰到好处，太静和太吵了都不好。

音响系统 VS 听觉效果

汽车内部听音环境空间小，混响时间短，听音位置不佳，在听感上有压迫感，并且还有噪声高等特点。另外，由于人体和座椅、车内装饰材料等都会影响声音的传播，当扬声器发声时，声波在传播过程中会遇到各种不同材料而产生能量被吸收的现象。声波经反射、折射、吸收会在车内空间形成一个复杂的音响效果，其中对混响的影响尤其明显。因此，除了要配备主机、功率放大器外，还要为车载音响配备均衡器、电子分音器等，并要合理安排扬声器的位置。

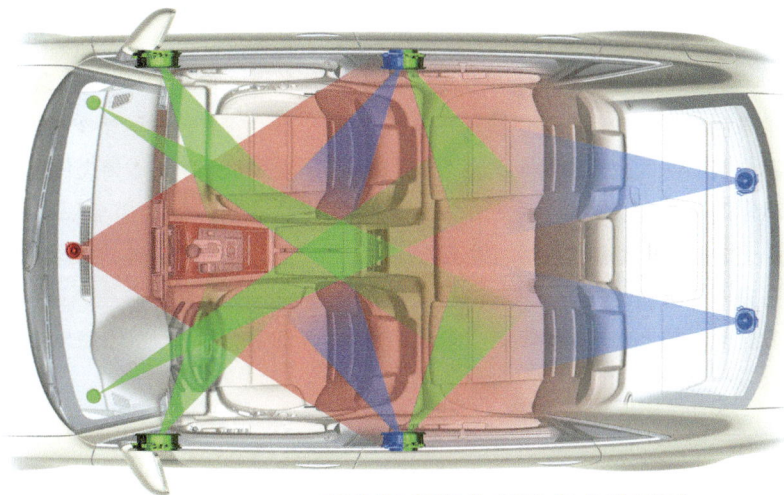

车内扬声器分布及音响效果图

扬声器

扬声器

功率放大器

低音扩音器

雷诺汽车音响扬声器布局图

第五章 车身电气系统

CAN 总线 VS 电气系统

CAN 总线技术是控制器局域网总线技术（Controller Area Network-BUS）的简称，它具有极强的抗干扰和纠错能力，最早被用于飞机、坦克等武器电气系统的通信联络上。将这种技术用于民用汽车最早起源于欧洲，在汽车上，这种总线网络用于车上各种传感器数据的传递。

通过遍布车身的传感器，汽车的各种行驶数据会被发送到总线上，凡是需要这些数据的接收端都可以从总线上读取相应的信息。CAN 总线的传输速度非常快，可以有效保证数据的实效性和准确性。传统的轿车在发动机舱和车身内需要铺设大量线束，以传递传感器采集的信号，而 CAN 总线技术的应用可以大量减少车体内线束的数量，减少了车体内线束和控制器的接口数量，避免了过多线束存在的互相干涉、磨损等隐患，降低了电气系统的故障发生率。

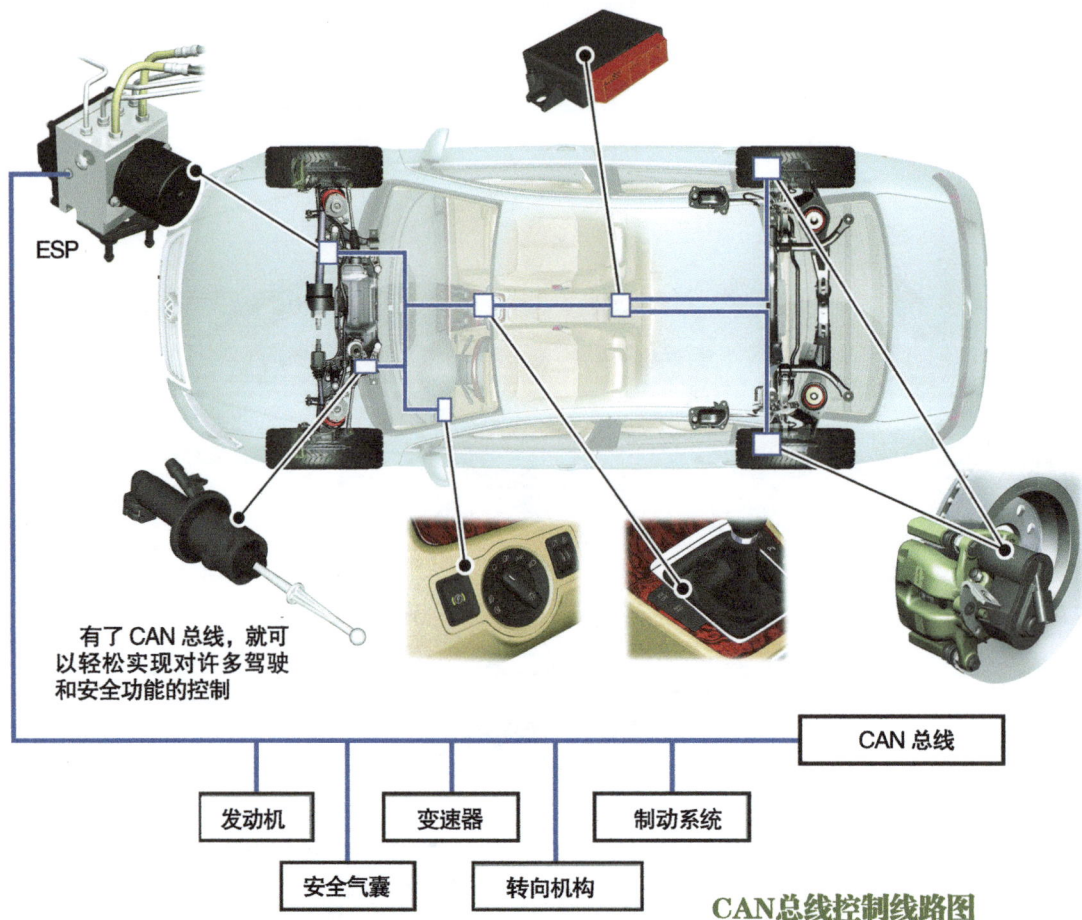

ESP

有了 CAN 总线，就可以轻松实现对许多驾驶和安全功能的控制

CAN 总线

| 发动机 | 变速器 | 制动系统 |

安全气囊　转向机构

CAN总线控制线路图

可变转向力矩

可变转向齿比

可变加速反应特性

边灯

预紧安全带

空调

驾驶模式选项

可变减振器阻尼

后轴上的运动型差速器

可变变速器程序

MMI 终端

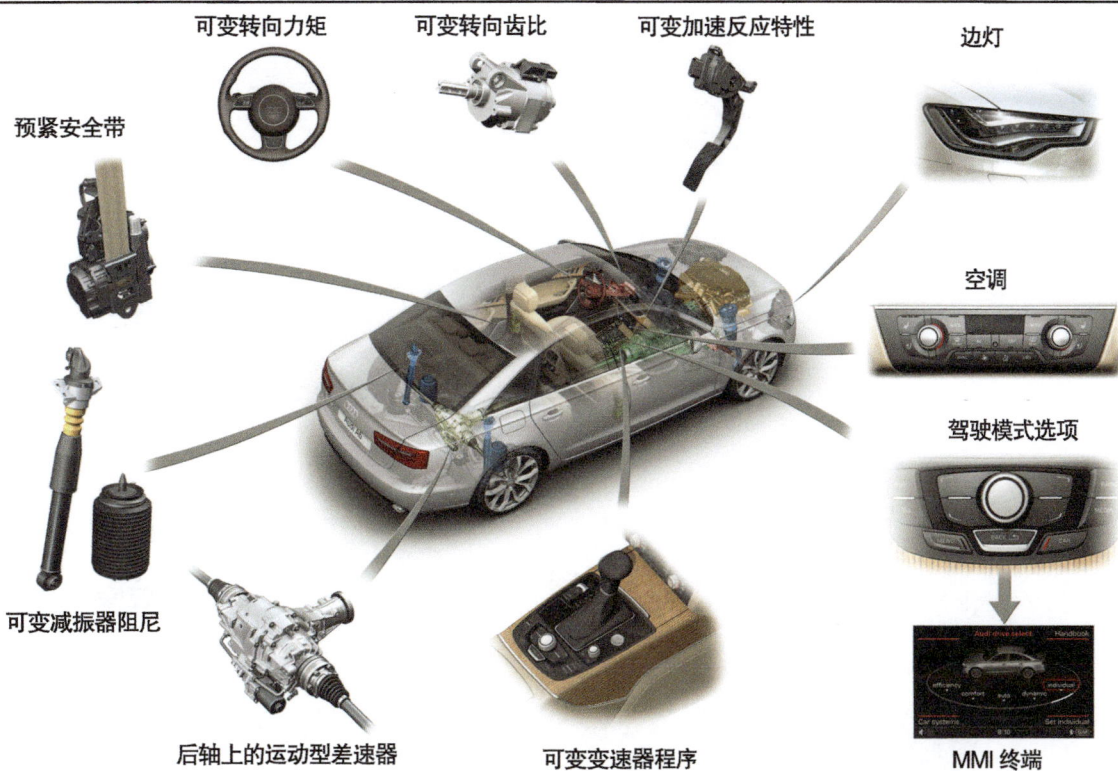

奥迪A6汽车驾驶模式选项系统示意图

CAN 总线可以让汽车实现更多的联动功能，如奥迪驾驶模式选项功能，总共要涉及 11 项系统，如果采用传统的线束传递信号，几乎是不可能完成的任务

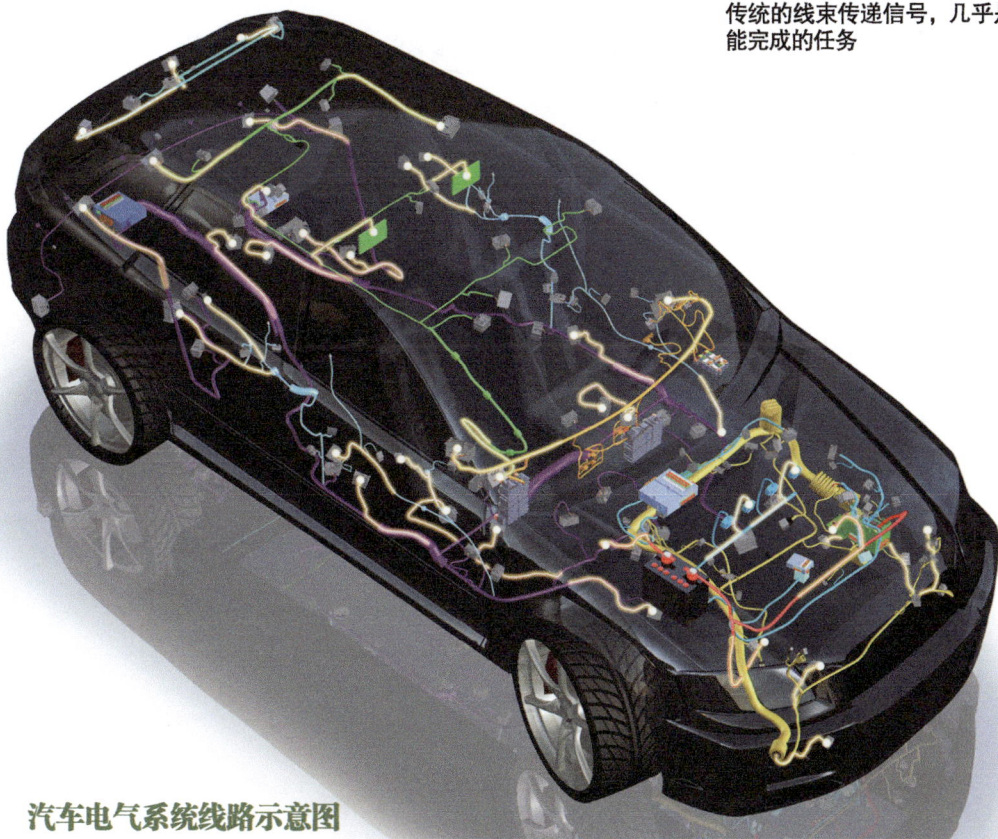

汽车电气系统线路示意图

主动安全 VS 电子技术

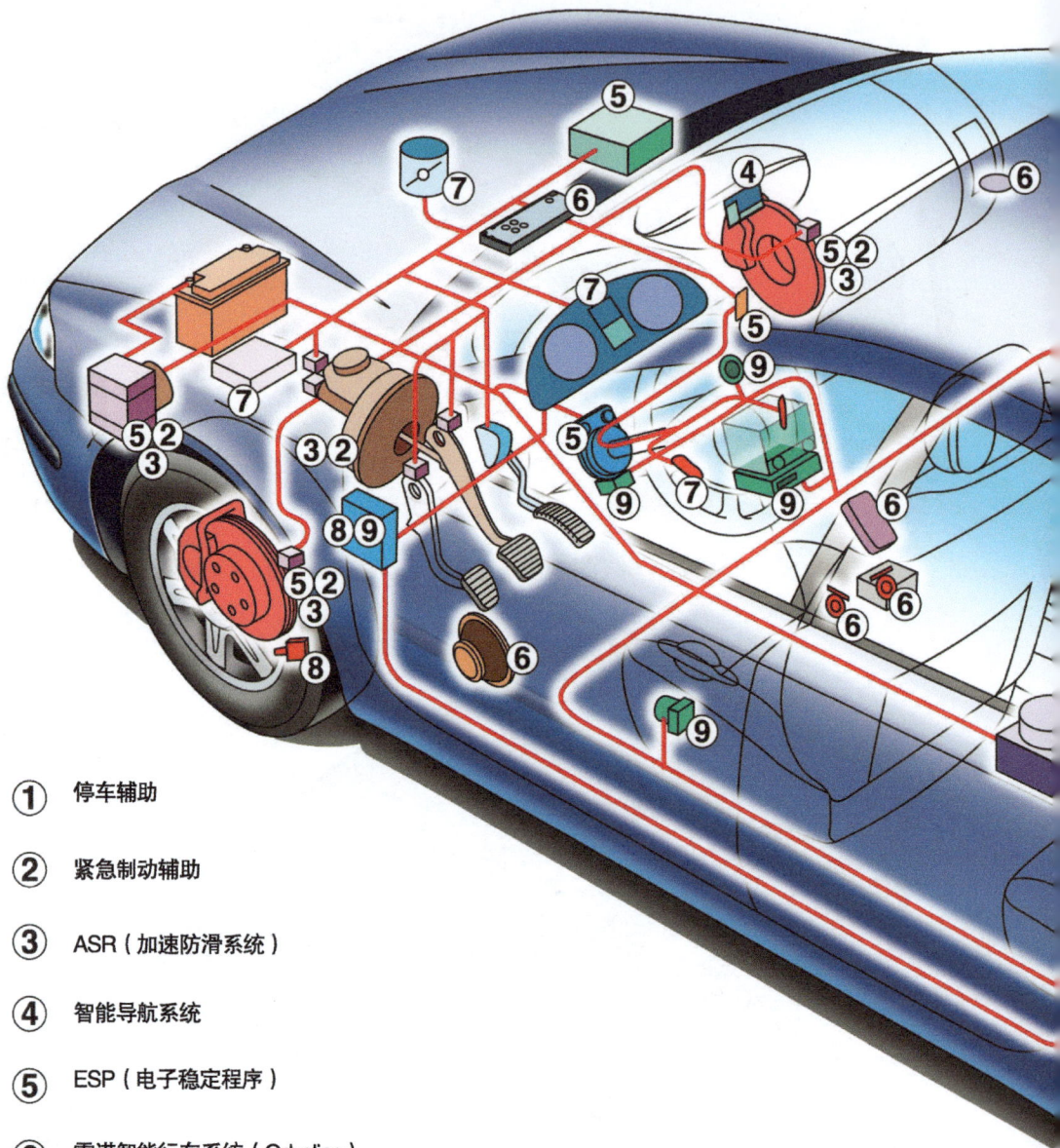

① 停车辅助

② 紧急制动辅助

③ ASR（加速防滑系统）

④ 智能导航系统

⑤ ESP（电子稳定程序）

⑥ 雷诺智能行车系统（Odysline）

⑦ 巡航速度控制

⑧ 胎压监测系统

⑨ 无钥匙进入系统

随着电子技术的进步，以电子技术为基础的主动安全技术在汽车上取得了巨大的发展，并且还在迅速发展中。自从车身稳定系统（ESP或类似系统）出现在汽车上后，各种以提高汽车安全性为目的的电子安全系统层出不穷，以至于主动安全性能在汽车安全中的地位超过了被动安全性能。过去曾以碰撞五星来衡量汽车安全性的做法已显得过时，因为现在汽车的安全性主要取决于主动安全性能，或者说主要取决于电子技术在汽车安全技术上的应用。

主动安全技术可以防止车辆发生事故，而被动安全技术只是在发生事故后减少或避免对驾乘人员的伤害。电子技术的进步，让人们在汽车安全防范中更加主动。

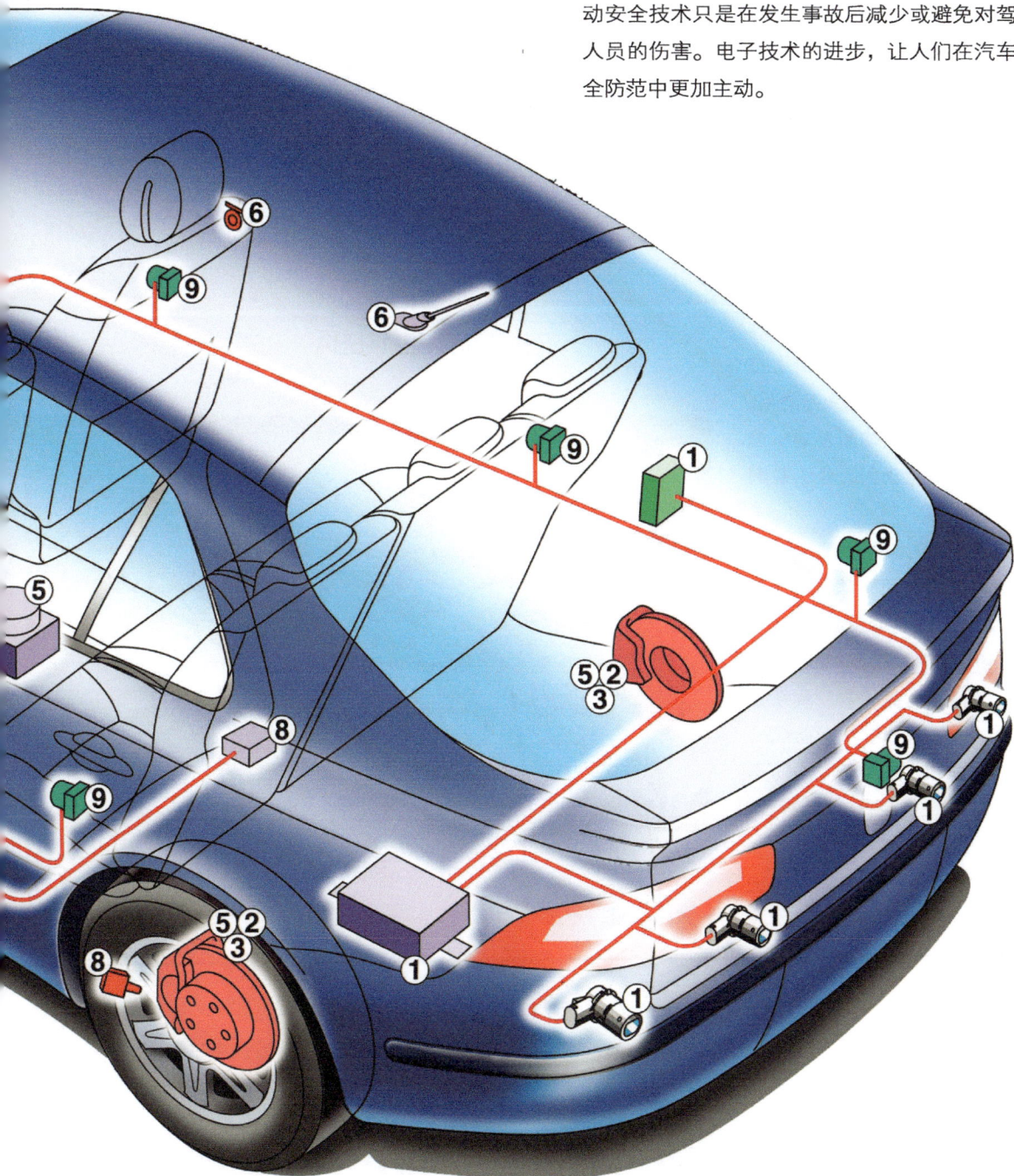

雷诺汽车主动安全系统全车布局示意图

加速时保护 VS TCS（ASR）

汽车行驶时，驱动力取决于发动机的输出转矩，但又受到驱动轮附着力的限制，而附着力的大小又取决于路面的附着系数。对于雨雪、湿滑的路面，发动机过大的输出转矩将会引起驱动轮打滑，从而破坏了车辆的行驶稳定性。东北地区的车主可能都有在冰雪上起步时踩加速踏板太猛，车辆不能起步的经历；在行驶中如加速太猛，车子还会在冰雪上打转。这都是驱动力过大惹的祸。在制动时，如能切断发动机施加给车轮的驱动力，也会有利于快速制动。

为了适时地根据行驶条件来调节发动机的驱动力，牵引力控制系统（Traction Control System，简称 TCS）便应运而生。TCS 与加速防滑控制系统（Acceleration Slip Regulation，简称 ASR）、DTC（宝马）、TRC（丰田）等都是起同样作用的系统，只是名称不同。

TCS 也是在 ABS 的基础上发展而成的。它遵循于车轮的滑转差介于 10%~30% 时车

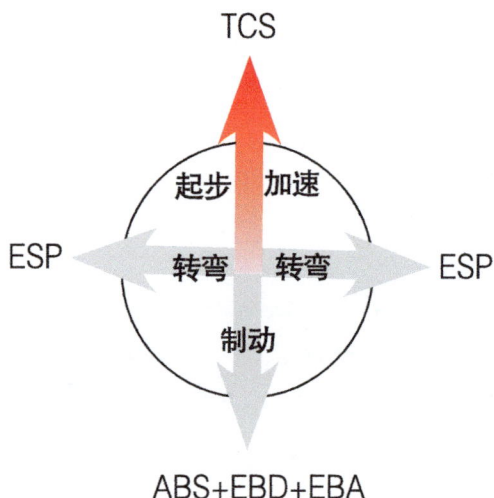

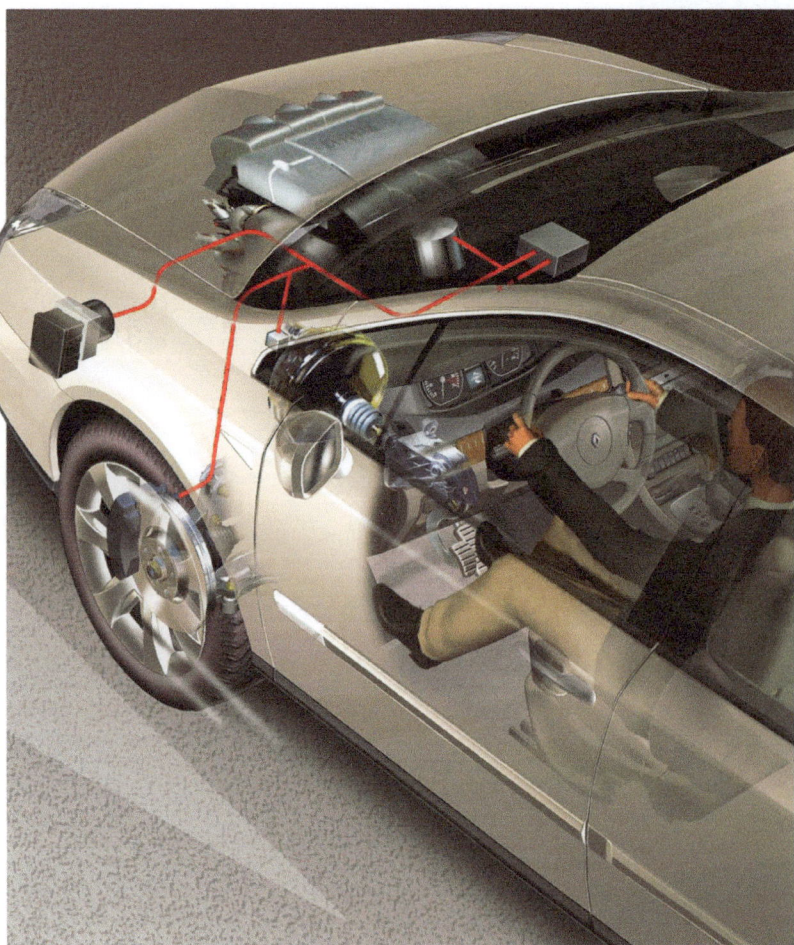

在汽车起步或加速时，TCS会根据车轮打滑的情况，自动减小发动机动力输出或向某个车轮施加一定的制动力，以阻止车轮打滑

轮附着力最大这一原则进行设计。在汽车起步或加速中，当电脑监测到驱动轮的滑转差大于30%时，便向发动机发出指令减小驱动力，发动机便会减少喷油量，从而减小发动机转矩输出，使驱动轮的滑转差回到10%~30%，保证车轮始终拥有较大的附着力。如果需要，还会向某个驱动轮施加一定的制动力，以阻止车轮打滑。同理，在制动时，除了完成防抱死和制动力自动分配外，还向发动机发出停止喷油的指令，从而切断发动机动力输出，帮助车轮快速制动。

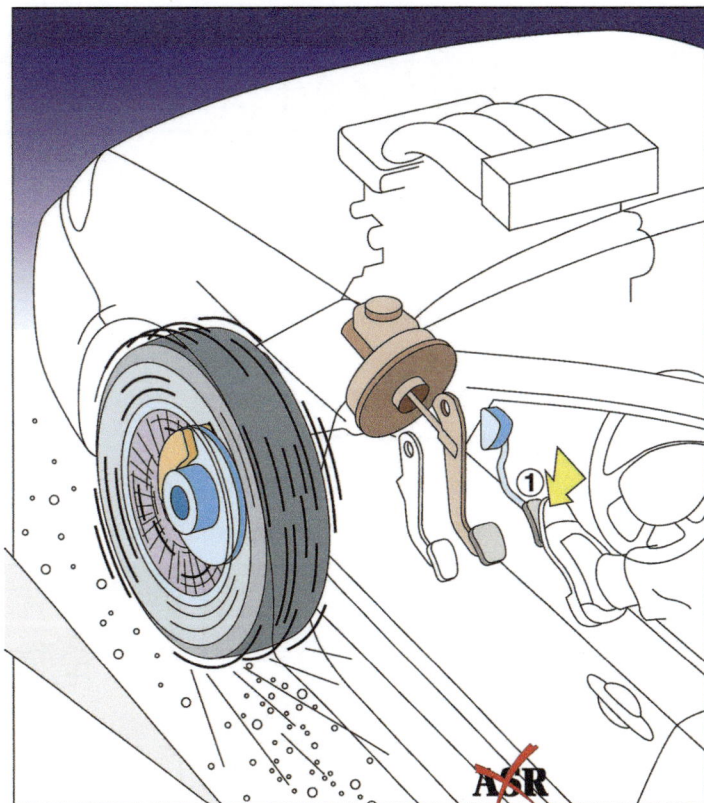

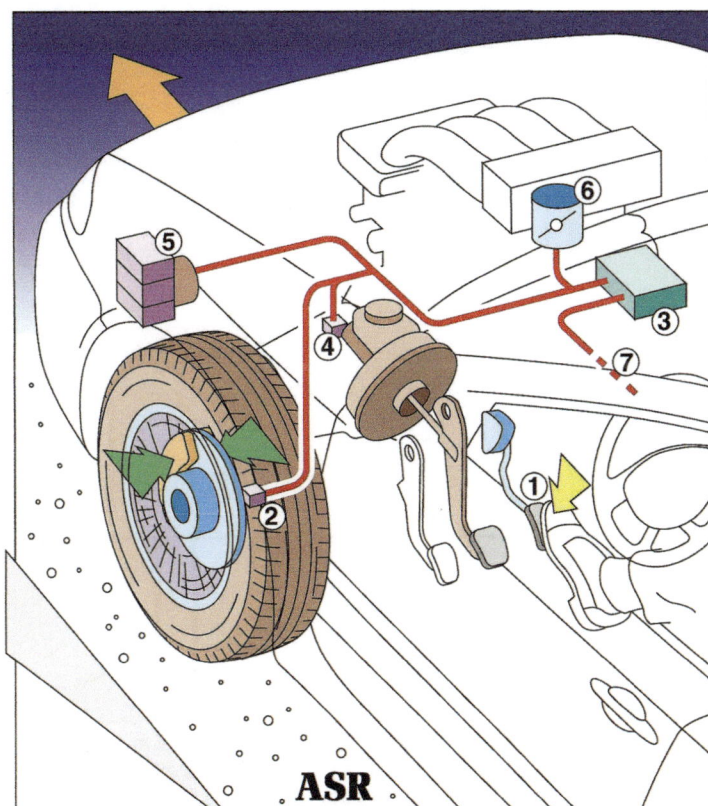

加速踏板
轮速传感器
发动机控制单元

制动压力传感器
ABS控制单元
节气门体
CAN总线

在汽车起步或加速中，当电脑监测到驱动轮的滑转差大于30%时，便向发动机发出指令减小驱动力，发动机便会减少喷油量，从而减小发动机转矩输出，使驱动轮的滑转差回到10%~30%，保证车轮始终拥有较大的附着力。同时，如果需要，还会向某个驱动轮施加一定的制动力，以阻止车轮打滑

加速防滑系统（ASR）原理示意图

转弯时保护 VS ESP

ESP（电子稳定程序）是更高级的车辆稳定控制系统，它是在 ABS、EBD、TCS 的基础上发展而来的，它不仅具有 TCS 等的功能，可以控制驱动轮的制动力，而且可以控制从动轮的制动力，也就是可以分别独立控制每个车轮的制动，从而可以"纠正"车辆更危险的不稳定状况。如后轮驱动汽车在转弯中发生转向过度而要出现"甩尾"的现象时，ESP 会制动外侧的前轮来稳定车辆；当前轮驱动汽车在转弯时发生转向不足而要出现

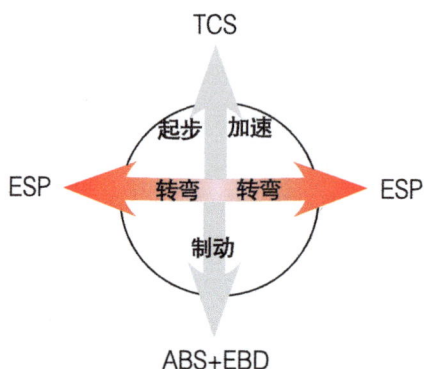

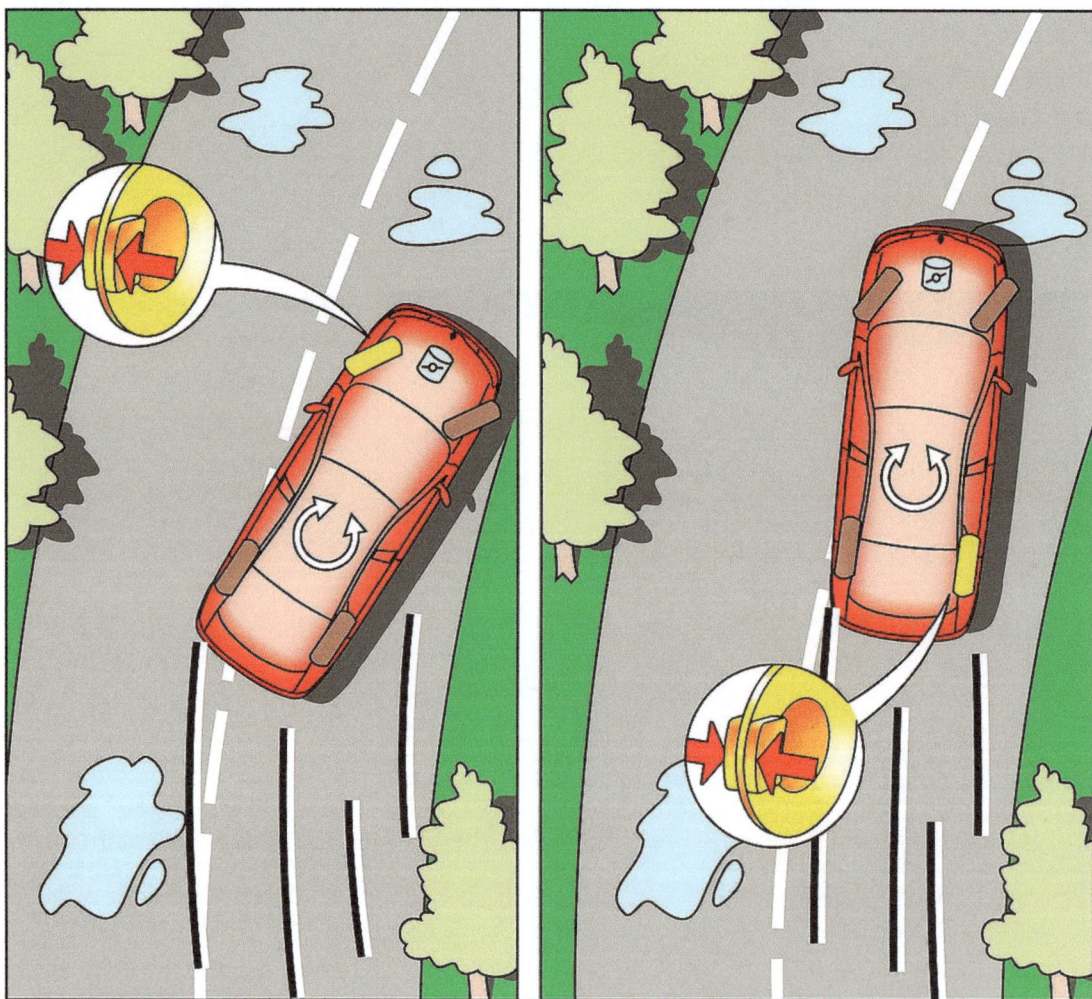

TCS

起步 加速

ESP ← 转弯 转弯 → ESP

制动

ABS+EBD

当汽车发生转向过度现象时，ESP 会对外侧前轮进行适当制动，在物理定律的作用下，车头便会向弯道外侧移动，车尾向弯道内侧移动，使车身恢复稳定状态

当汽车产生转向不足现象时，ESP 会对内侧后轮进行适当制动，这样在物理定律的作用下，车头向弯道内侧移动，车尾向弯道外侧移动，使车身恢复稳定状态

"推头"现象时，ESP便会制动内侧后轮来纠正车辆的行驶方向。尤其是急打方向盘时（如紧急躲闪路中突然出现的行人），ESP的介入能够大大降低车身失控（如侧滑、甩尾）的危险。

ESP是博世公司对车辆稳定控制系统的称呼，其他汽车公司对类似的系统有不同的称呼，如本田称之为VSA，丰田称之为VSC，宝马和马自达称之为DSC等。其实它们的原理和作用基本类似。

① ABS控制单元
② 轮速传感器
③ 方向盘角度传感器
④ 偏航速度和侧向加速度传感器
⑤ 发动机电子控制单元
⑥ 节气门
⑦ 制动压力传感器
⑧ CAN总线

ESP工作原理示意图

从功能上讲，ESP是目前最为强大的主动安全系统，它包括了ABS、EBD、TCS等系统的功能

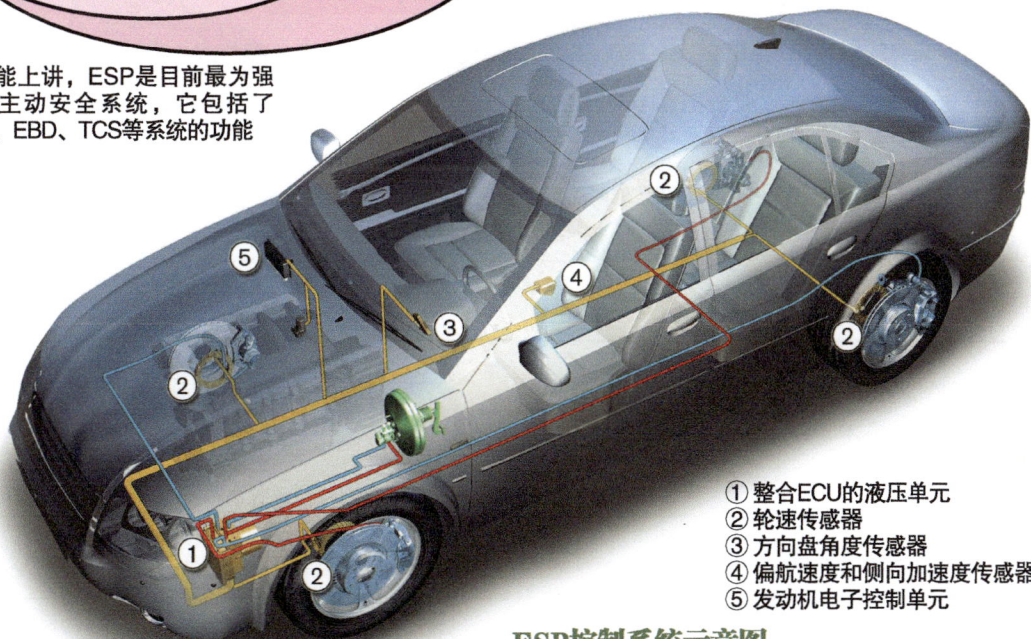

ABS+EBD　TCS　ESP

① 整合ECU的液压单元
② 轮速传感器
③ 方向盘角度传感器
④ 偏航速度和侧向加速度传感器
⑤ 发动机电子控制单元

ESP控制系统示意图

制动时保护 VS ABS+EBD+EBA

防抱死制动系统（ABS）

汽车在制动过程中，如果车轮未抱死，车轮本身具有承受一定侧向力的能力，汽车在一般横向干扰力的作用下不会发生侧滑现象。如果车轮被抱死，也就是车轮停止旋转，车轮就会立即丧失承受侧向力的能力，汽车在横向干扰力的作用下就很容易发生侧滑。ABS的作用相当于"点制动"，当检测到车轮抱死时，它会自动松开制动，然后再重新进行制动，从而让车轮一直保持转动而非滑动状态。ABS松开和重新制动的频率可达到每秒10~20次。

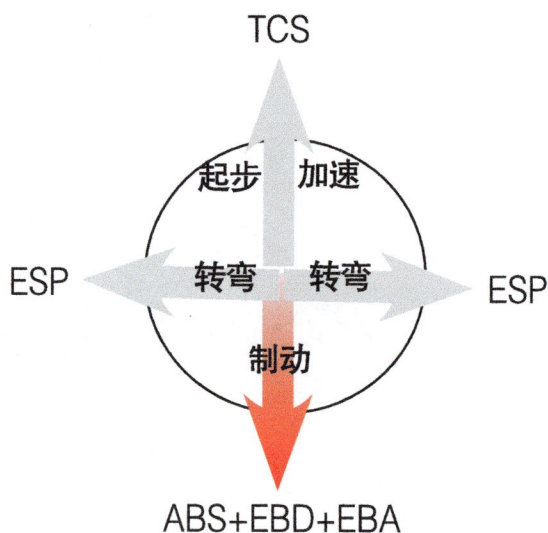

电子制动力分配（EBD）

当汽车制动时，如果给车轮同样的制动力，则会导致四个车轮的制动效果或摩擦阻力不一致，从而使汽车失去平衡。EBD的作用就是合理地分配每个车轮上的制动力，让汽车制动时尽量保持平衡。

EBD可依据汽车的重量和路面条件来控制制动过程，自动以前轮为基准去比较后轮轮胎的滑动率，如发觉前后车轮有差异，而且差异程度必须调整时，它就会调整汽车制动液压系统，使前轮、后轮的制动液压接近理想化的分布，从而改善制动力的平衡，防止发生侧滑现象。

EBD工作原理示意图

电子制动力辅助（EBA）

在一些紧急事件中，驾驶人往往因为反应慢而不能迅速地踩制动踏板，造成制动力不足。紧急制动力辅助（Emergency Brake Assist，简称EBA）就是为此而设计的。当EBA发现驾驶人迅速大力地踩制动板时，便会认为是一个突发的紧急事件，马上自动地提供更大的压力，增大制动效果。不仅如此，其施压的速度也远远快于驾驶人，这能大大地缩短制动距离，提高安全性。尤其是对于脚力较差的妇女及高龄驾驶人，在躲避危险的紧急制动时非常有帮助。

EBA起作用时，高位制动灯、制动灯和危险警告灯（双闪灯）都会同时闪亮

没有EBA系统时的紧急制动情形

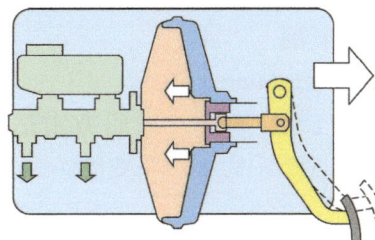

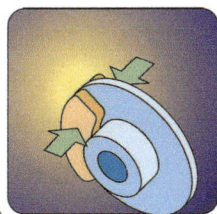

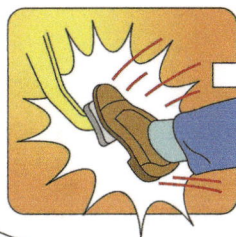

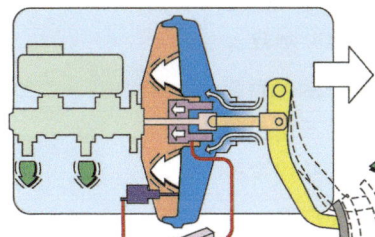

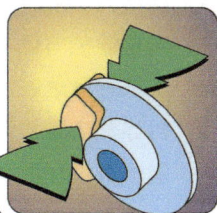

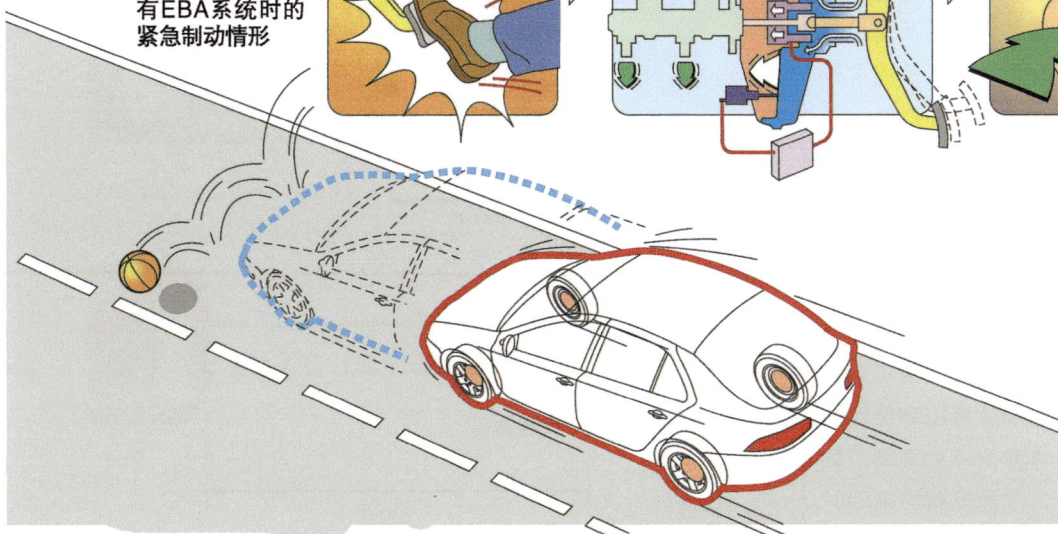

有EBA系统时的紧急制动情形

EBA工作原理示意图

驾驶辅助系统 VS 传感器

驾驶辅助系统是指那些能够帮助汽车安全行驶或能够减轻驾驶疲劳、提高驾驶舒适性的一些系统。我们较为熟悉的巡航控制系统就是较早的驾驶辅助系统，现在的驾驶辅助系统主要是为了提高汽车行驶的安全性，在车辆将要遇到危险时提示或警告驾驶人。

目前驾驶辅助系统主要包括车道保持系统、变道警示系统、自适应巡航控制系统、夜视系统、停车辅助系统等。

后方超声波传感器：
停车场系统
停车辅助系统

后方摄像头：
带倒车影像的停车辅助系统
带倒车影像的停车场系统

后方雷达：
变道警示系统
后方预警系统

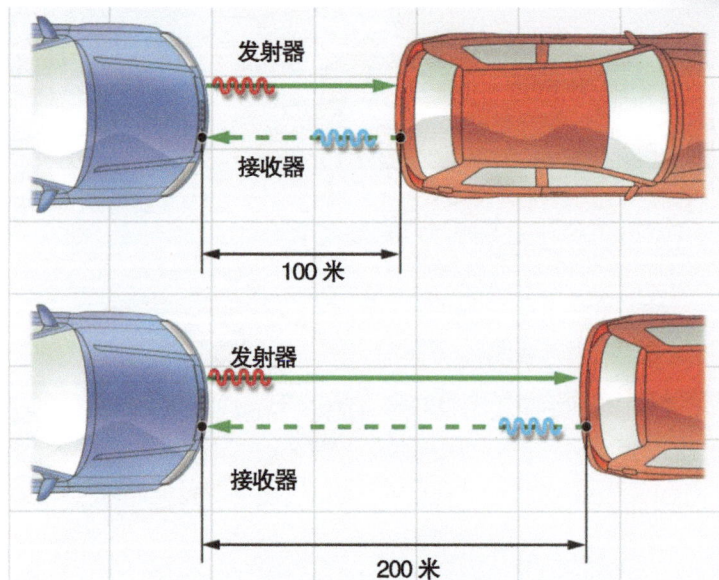

雷达怎样监测到车辆

雷达（Radio Detection And Ranging, RADAR）是指"利用电磁波探测和定位目标"。物体表面会反射电磁波，且不同物体的反射特性并不相同。金属物体能够像"回声"那样将大部分雷达波反射回来，而塑料等非金属物体几乎不能反射雷达波。利用雷达传感器发送并接收雷达波，就可以确定周围是否有其他车辆。

雷达怎样测量车距

由于金属物体几乎可以完全将雷达波反射回来，而反射回来的时间与物体间的距离成正比，那么测量由其他车辆反射回来的时间就可以测量到其他车辆与本车之间的距离。如右图所示，下图反射回来的时间是上图的两倍，其车距也是上图的两倍。

发射器

接收器

100 米

发射器

接收器

200 米

雷达测距原理示意图

车身上都有哪些传感器

现在的驾驶辅助系统都是以电子技术为基础，利用摄像头、雷达等传感器收集行驶信息，然后由各种电控单元计算并发出指令，向驾驶人提示或发出警告，甚至主动进行加速、制动和转向的操作，以保证汽车能够安全行驶。

摄像头也是一种传感器，它负责收集影像信息；雷达传感器的应用更为广泛，几乎所有驾驶辅助系统都离不开它；超声波传感器则用来测量汽车的速度；红外摄像头则主要用于夜视系统；另外还有碰撞传感器，在发生碰撞触发安全气囊。

前方摄像头：

车道保持系统

自适应巡航控制系统

限速显示

奥迪前方预警系统

奥迪主动前照灯

侧方超声波传感器：

停车辅助系统

停车场系统

碰撞传感器：

前方碰撞防护

侧方碰撞防护

后方追尾防护

红外线摄像头：

夜视辅助系统

前方超声波传感器：

自适应巡航控制系统

停车辅助系统

变道警示系统 VS 并线危险！

变道警示系统（Lane Change Warning）也称换道辅助系统、并线提醒系统等。它的主要作用是提醒驾驶人在变换车道时要注意侧后方来车的情况。

行车中的许多危险都是发生在换道并线中，因为此时在车辆的两侧后方都存在盲区，如果驾驶人没有仔细观察就匆忙变道并线，就很可能与后方车辆撞在一起。

变道警示系统借助雷达波束监控车辆两旁及后方的行驶区域，如果监控区域内有车辆或者有车辆正在高速驶近，则通过点亮后视镜上的警告灯来提示驾驶人。

如果此时驾驶人没有注意到这些情况，并打开了转向灯准备变道，则变道警示系统就会发出高亮度闪烁警告，提醒驾驶人此时变道非常危险。

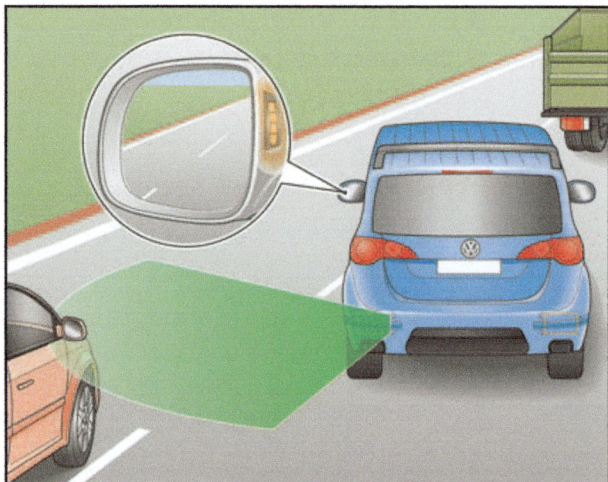

当装在车尾部的雷达监测到侧后方有来车时，车外后视镜上的 LED 警示灯就会发出亮光，提醒驾驶人注意来车

变道警示系统可以监测到车辆侧方及后方的来车情况，及时提醒驾驶人注意来车

有车靠近时亮灯提示

如果车辆侧方有车或有快速驶来的汽车接近时，相应侧的车外后视镜上的警告灯就会点亮，向驾驶人发出警示性的信息，直到该车驶出监控区域，警告灯才会熄灭。此时驾驶人完全可以不用理会，只是做到心中有数罢了。

变道有危险时闪灯警告

如果驾驶人打开转向灯准备并线或超车，但此时准备变换到的那条车道上有车或有车正在接近，警告灯就会发出代表危险的高亮度闪烁警告，警告驾驶人此时变道非常危险。如果驾驶人打开转向灯时被监测区域内没有车辆，警告灯就不会点亮，更不会闪烁。如果在变道途中系统监测出有危险，警告灯也会发出代表危险的高亮度闪烁警告。

车外后视镜上有 4 个黄色 LED 警告灯。驾驶人即使直视前方，视线的余光仍然能够察觉到警告灯亮起和闪烁

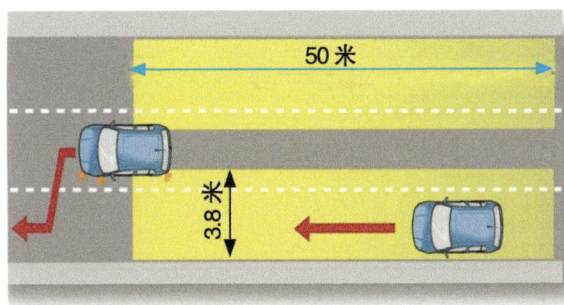

监测区域

各个汽车厂商的变道警示系统的监测范围不太一样，有大有小。例如大众汽车的变道警示系统，其监测范围是由车辆 B 柱向后方延伸约 50 米，每侧宽度约为 3.8 米。

50 米

3.8

车道保持系统 VS 半自动驾驶

车道保持系统的功能是当行车轨迹偏离车道中心线时会自动给予纠正，但在驾驶人打开转向灯时则不予以纠正。

车道保持系统应用的前提是车辆必须配用电动助力转向系统（EPS），另外还要在前风窗玻璃上端安装数字式摄像头，实时拍摄前方道路上的车道线。拍摄的图像由电脑进行实时处理分析，如果发现行驶路线偏离车道中心线并且超过设定的偏离值，电脑就会向 EPS 发出指令对方向盘施加一定的力（这要依靠电动助力转向系统）。不同汽车厂商对这个力的预设置并不完全一样，如大众汽车上的车道保持系统可以施加 3 牛顿·米的转向力矩，从而对车辆的行驶方向进行纠正。

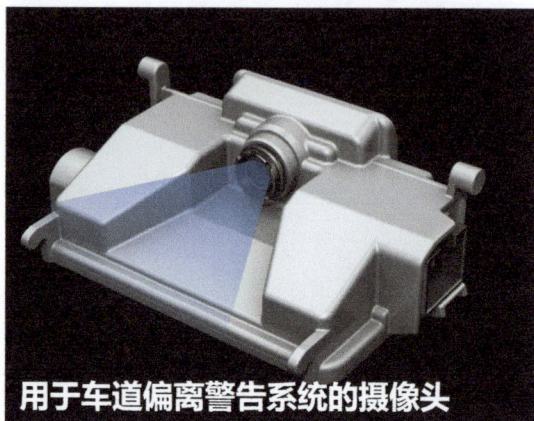

用于车道偏离警告系统的摄像头

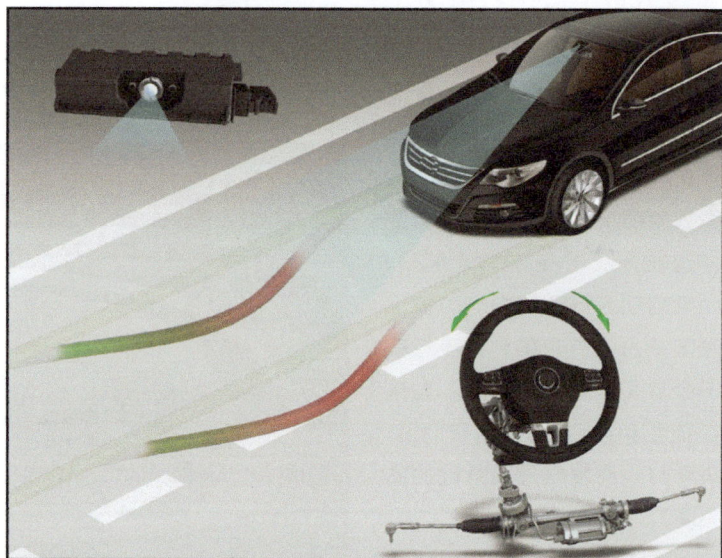

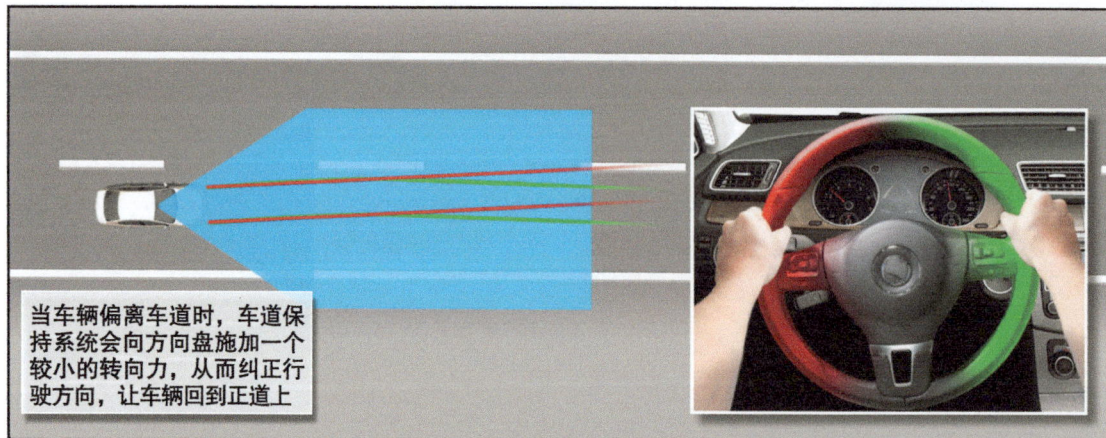

当车辆偏离车道时，车道保持系统会向方向盘施加一个较小的转向力，从而纠正行驶方向，让车辆回到正道上

大众汽车车道保持系统示意图

车道保持系统 **VS** 工作原理

车道保持系统主要由摄像头、控制电脑、电动助力转向系统等组成，由摄像头拍摄车道线，经电脑分析后如果确认偏离车道行驶，而且又没有打转向灯，则将向电动助力转向发出指令，纠正车辆行驶方向。

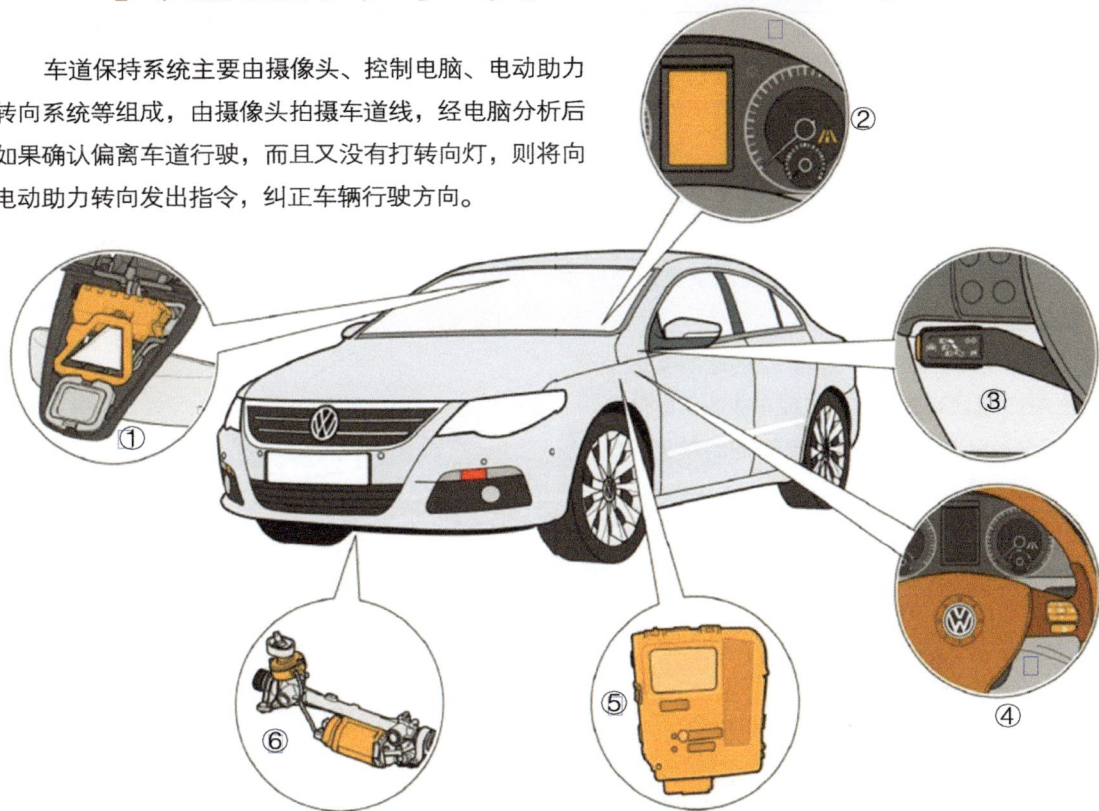

① 控制单元中内置有数字式灰度摄像头
② 行车电脑和仪表盘，显示智能驾驶辅助系统各个子功能的状态
③ 转向灯手柄端部的驾驶辅助设备
④ 多功能方向盘上的键盘，设置各项智能驾驶辅助功能
⑤ 转向柱控制电脑，发出转向修正动作指令
⑥ 电动助力转向系统（EPS），执行转向修正指令

车道保持系统工作过程图解

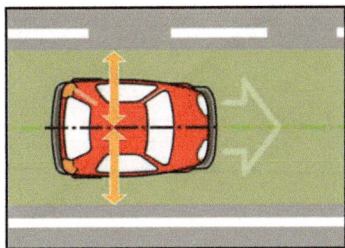

1）摄像头拍摄车道线影像，经过电脑软件的分析，寻找车道边界线。

2）识别出两侧的车道边界线，计算车道宽度和车道曲率，得出一个虚拟车道。

3）虚拟车道的宽度取决于车道线的实际宽度，但它始终小于车道线的宽度（图中绿色部分）。

4）在弯道上，虚拟车道更接近弯道内侧的车道线。

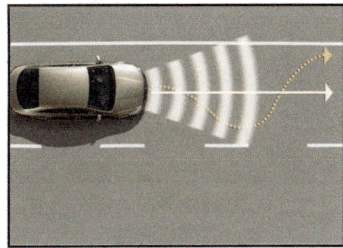

5）如果驾驶人未开启转向灯而驶离虚拟车道，车道保持系统就会自动施加转向修正动作。

6）施加转向修正的转向力矩的大小取决于车辆与车道线的行驶角度。

定速巡航系统 VS 操控简单

定速巡航系统（Cruise Control System，简称 CCS）也称巡航控制系统，是较早的驾驶辅助系统，它可以减轻驾驶人的疲劳，不需驾驶人踩加速踏板，汽车就能保持固定速度前进。其工作过程为：

1）驾驶人开启定速巡航控制系统，设置想要匀速行驶的车速值。

2）轮速传感器采集车轮转速的实时信号，经 ABS 模块运算处理加工成车速的实时信息。

3）定速巡航系统的电子控制单元（ECU）将车速设定值和实时车速进行比较后，发出调整节气门开度的指令。

4）调整节气门开度，从而调节动力输出，控制车速，使其稳定在驾驶人预先设置的车速上。

5）根据不断变化的实时路况导致的行驶阻力的变化，不断地调整节气门开度，以保持恒定的车速。

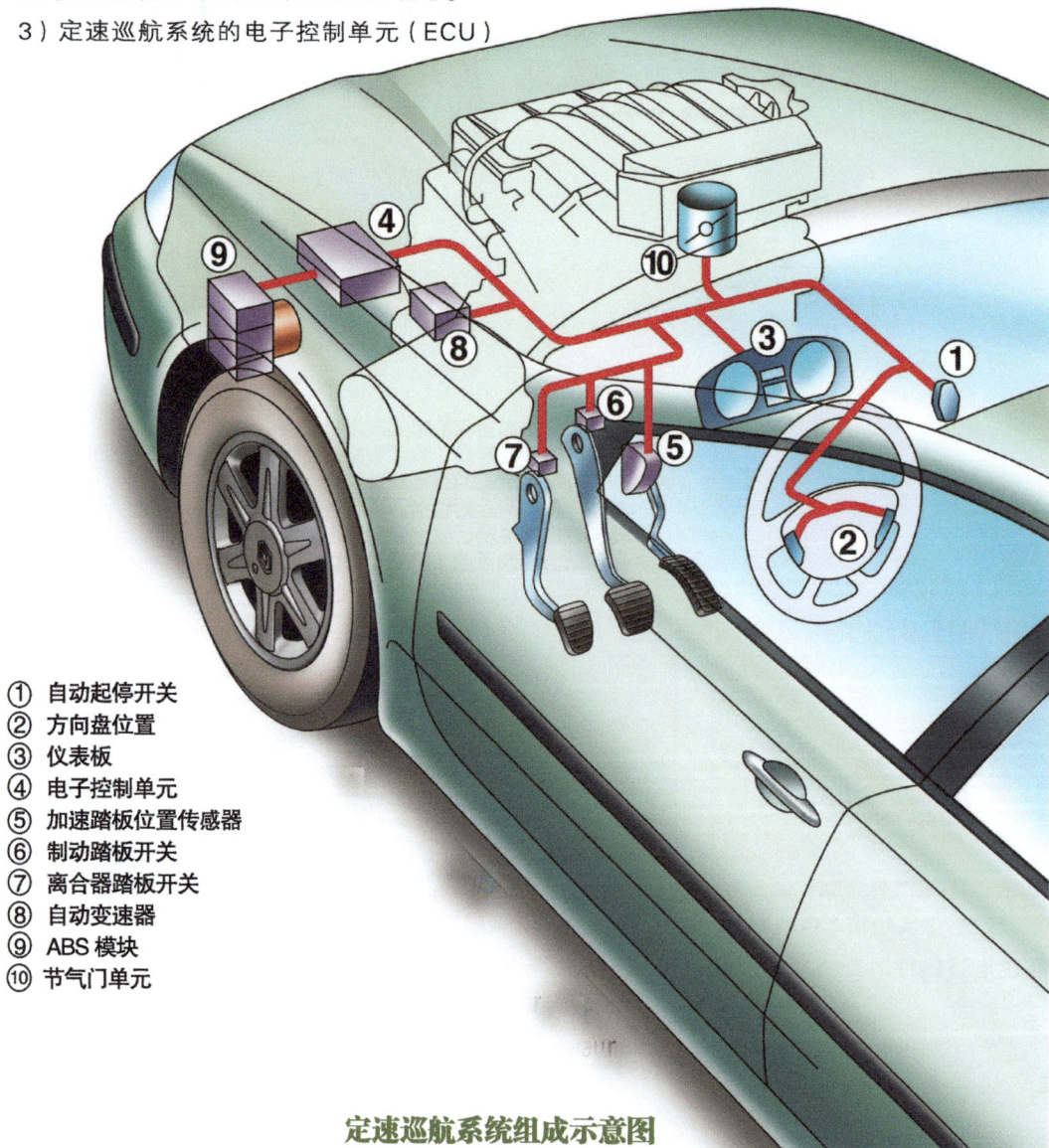

① 自动起停开关
② 方向盘位置
③ 仪表板
④ 电子控制单元
⑤ 加速踏板位置传感器
⑥ 制动踏板开关
⑦ 离合器踏板开关
⑧ 自动变速器
⑨ ABS 模块
⑩ 节气门单元

定速巡航系统组成示意图

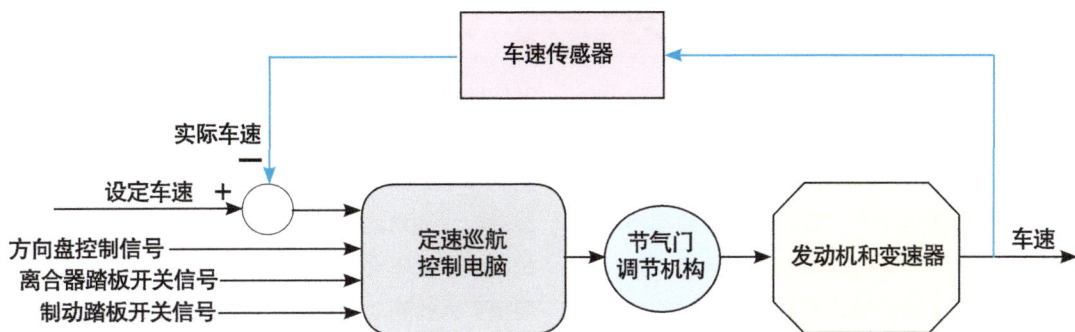

定速巡航系统工作原理示意图

对于装备自动变速器的车辆而言，电脑不仅通过调整发动机的节气门开度来控制发动机的动力输出，还通过变换变速器的档位来加以配合。定速巡航系统不能在 1 档和空档的状态下执行任务。

对于装备手动变速器的车辆，只能在相应档位下控制发动机的动力输出，而不能通过变换档位来控制车速。

定速巡航系统是一个闭环控制系统，此系统不断地将实际车速与驾驶人设置的车速进行比较，一旦发现车速有偏差，就会发出调整动力输出的指令，使实际车速与设置车速尽量一致。比如，车辆上坡时速度下降，车速传感器发来的车速比设置车速低，控制单元将发指令给伺服执行机构，加大动力输出以保持车速；下坡时实际车速比设置车速高，控制单元将发出指令减小动力输出以保持车辆按设置速度行驶。

自适应巡航系统 VS 车距时间

自适应巡航控制系统（Adaptive Cruise Control，简称ACC）是一种智能化的自动控制系统，它是在自动巡航控制技术的基础上发展而来的。在车辆行驶过程中，安装在车辆前部的车距传感器（雷达）持续扫描车辆前方道路，同时轮速传感器采集车速信号。当与前车之间的车距时间小于事先设定的车距时间时（当前车速下本车到达前车的当前位置行驶的时间间隔），ACC控制单元可以通过与制动防抱死系统、发动机控制系统协调动作，使车轮适当制动，并使发动机的输出功率下降，以使车辆与前方车辆始终保持设定的车距时间。自适应巡航控制系统在控制车辆制动时，通常会将制动减速度限制在不影响舒适的程度，更不会给驾乘人员造成惊吓的感觉。当需要更大的制动减速度时，ACC控制单元会发出声光信号通知驾驶人主动采取制动操作。当与前车之间的车距时间超过设定值时，ACC控制单元就会控制车辆按照设定的车速巡航行驶。

自适应巡航控制系统可以让车辆与前车保持一定的车距时间，当与前车的车距时间较近时它会帮驾驶人进行轻微制动

奥迪自适应巡航系统示意图

奥迪汽车装置在车前方的雷达可以探测车前方40°角内、250米长范围内的路况

Audi A4

奥迪自适应巡航系统构成示意图

自适应巡航系统 VS 车距时间设定

自适应巡航控制系统可以设定多个车距时间，如大众汽车设有 1 秒、1.3 秒、1.8 秒、2.4 秒、3.6 秒共 5 档车距时间供驾驶人选择。

车距时间与车速有很大关系，它是动态变化的时间值。车速越高，需要的安全距离就越长。车距时间不是与前车的距离，它与距离、车速有关。例如车速为 100 公里 / 小时时，3.6 秒档的车距为 100 米；1.0 秒档的车距为 27.8 米。

同时，在调整车距时间后汽车的加速响应性也随之改变，车距时间设为 1.0 秒档时系统对应实施稍有力的加速，而在 3.6 秒档时则对应较平缓的加速。

自适应巡航系统的车距时间有多个档位供选择，图中是第 3 档位车距时间

奥迪自适应巡航系统屏幕显示图

自适应巡航控制系统工作过程图解

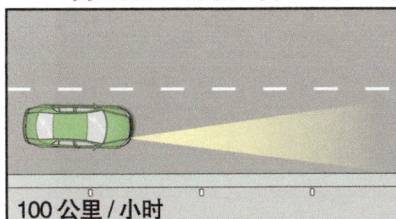

① 前方 150 米无车，用定速模式以 100 公里 / 小时车速匀速行驶。

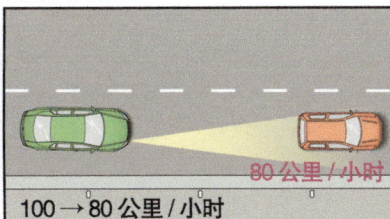

② 绿车追上了同车道上 80 公里 / 小时的红车，随即减速转为跟踪模式。

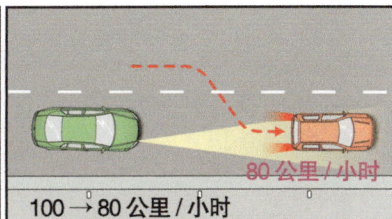

③ 红车从左侧并道，车速为 80 公里 / 小时绿车减速并转为跟踪模式。

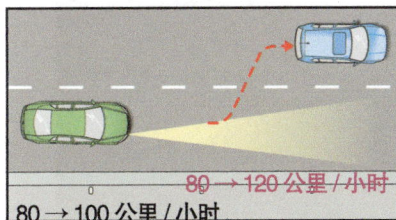

④ 蓝车加速或向左变道驶离，绿车转为定速模式，加速至 100 公里 / 小时。

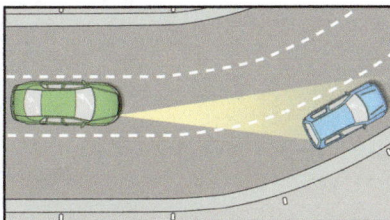

⑤ 车辆转弯时 ACC 有可能出现误判，导致车速波动。

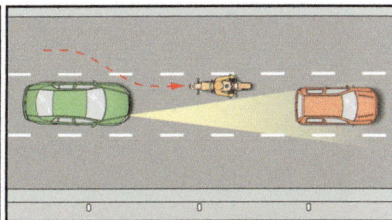

⑥ 雷达很可能监测不到摩托车、自行车等，ACC 不能完全代替驾驶人操作。

预警安全系统 **VS** 主动防护

随着电脑和信息技术的进步，各种名称不同的预警安全系统越来越多，下面以奥迪A8上安装的前排预警安全系统为例进行简单介绍。

第一阶段：

当前方车辆突然制动或者本车快速靠近前车的情况下，预警安全系统会以红色警示标志和声音提示向驾驶人发出警告，同时预先提高制动系统内的液压并增加空气悬架的硬度以应对随时可能出现的紧急制动。第一阶段的综合警示起到了第一时间提醒驾驶人进行制动的效果，这往往也是避免事故发生的最佳时机。

第二阶段：

如果驾驶人对第一阶段的干预无动于衷，制动系统会使用之前已经建立的制动系统液压制造一次点制动，由此引发的车辆振动会吸引驾驶人足够的注意力，并使其对当前的危险状况进行主动人为干预。同时，系统通过轻度收紧安全带的方式提醒驾驶人注意可能发生的危险。此时，如果驾驶人采取制动措施，制动系统会根据与前方障碍物的距离主动提供精准的制动力。值得一提的是，在第一阶段预先建立的制动油压能够为第二阶段的制动节省0.2秒左右的时间——不要小看这0.2秒，当在车速为130公里/小时的情况下，这意味着制动距离缩短了7米之多。

第三阶段：

第二阶段预警干预做出后，如果驾驶人仍然不采取应对措施，系统将强行进入第三阶段的预警干预——事实上，这个阶段已经由警示转化为干预——奥迪预防式整体安全系统会果断地以3米/秒的加速度进行自动制动，同时迅速关闭车窗与天窗，并自动开启危险警告灯。

第四阶段

如果事情发展到第四阶段，预警安全系统就要拉紧安全带并全力制动了。

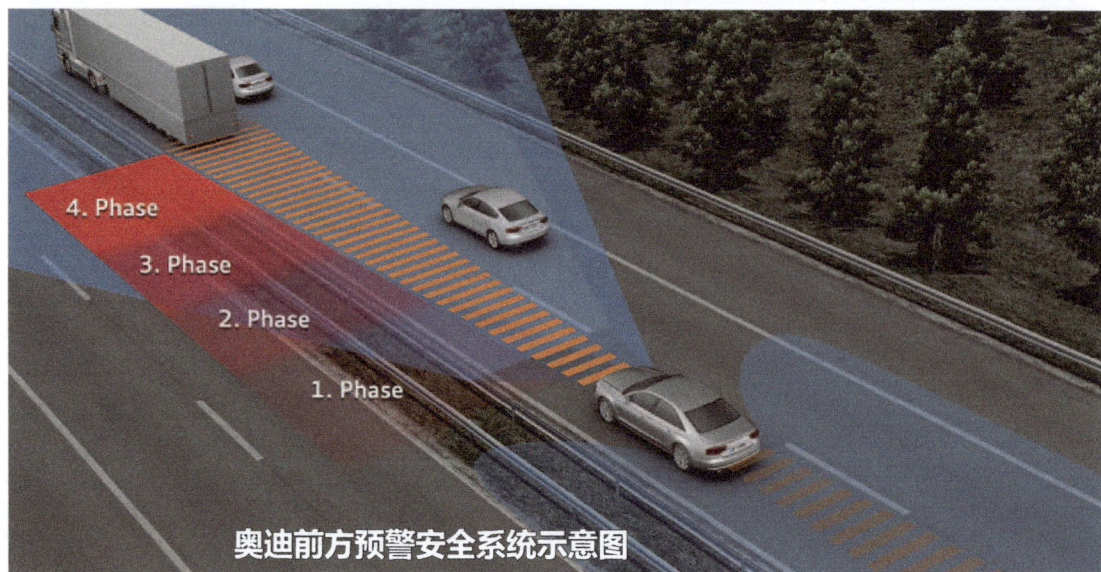

奥迪前方预警安全系统示意图

后部预警安全系统 VS 防止追尾

可以防止追尾的预警安全系统，称为后部预警安全系统。此系统必须与行驶换道辅助系统一起工作。其工作原理是通过雷达传感器不断地将信息发送给换道辅助系统控制单元，后者分析信息后把相应数据放到数据总线上，让其他控制单元接收、分析信息并采取相应措施。后部预警安全系统和前部预警安全系统一样，它也不能阻止撞车，它只能起到预警提醒和做好撞车准备。后部预警安全系统也分为两个阶段：

第1阶段：

若后面跟行车辆靠近且可能有撞车危险，那么驾驶人侧的前部安全带张紧器控制单元会将一个信息发送到数据总线上。车窗和天窗会自动关闭，危险警告系统接通。如果车上有前部座椅位置记忆功能，那么头枕就会升高。如果车上有前部舒适座椅和后部座椅位置记忆功能，那么所有的头枕都升高，靠背上部会向前倾。

第2阶段：

若后面跟行车辆继续靠近，碰撞已不可避免了，那么自适应安全带会依靠电动机来完全收紧。

安全带拉紧器控制单元

电动机

可控式安全带拉紧力限制器

燃爆式安全带拉紧器

预拉紧式安全带构造图

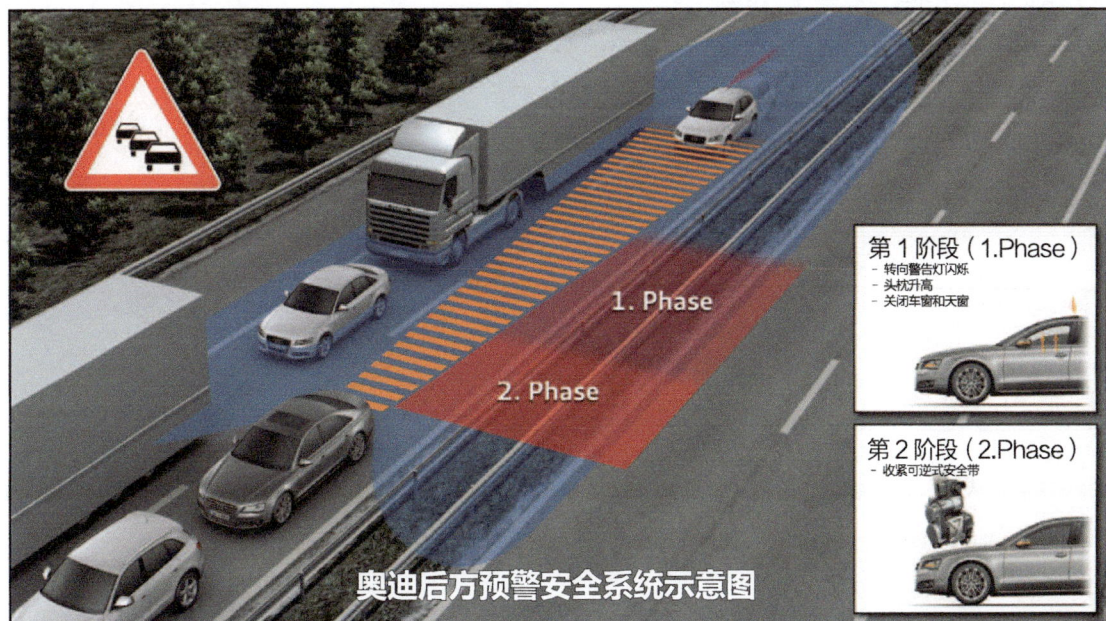

1. Phase

2. Phase

第1阶段（1.Phase）
- 转向警告灯闪烁
- 头枕升高
- 关闭车窗和天窗

第2阶段（2.Phase）
- 收紧可逆式安全带

奥迪后方预警安全系统示意图

驾驶模式选项 **VS** 个性风格

在传统汽车上，当调校驾驶性能的控制系统时，往往必须在各性能之间有所取舍，驾驶人通常很难同时兼顾舒适性与运动性。驾驶模式选项（Drive Select）可以协助驾驶人对发动机、自动变速器、转向系统进行调节。只需通过控制按钮的轻松操作，驾驶人就可以在所需要的"运动"、"自动"、"舒适"和"个性"模式之间进行转换，从而选择自己喜欢的驾驶风格。

"运动"模式：悬架阻尼增大，也就是底盘变得更硬朗；加速反应更敏捷、动力更迅猛；转向反应更直接。

"舒适"模式：与"运动"模式相比，驾驶风格更轻柔，悬架阻尼减小，底盘减振效果更佳，转向更加轻盈，加速反应也比较轻柔。

"自动"模式：可以根据行驶情况及道路条件自动调节发动机、变速器、转向和悬架等性能，以适应当时的行驶条件。

"个性"模式：驾驶人可以根据自己的喜好自己设定发动机、变速器、转向和悬架等性能，以满足个人驾驶风格的要求。

加速反应调节　悬架软硬调节　　转向反应调节　　驾驶模式调节

宝马M5汽车驾驶模式调节

随速转向助力
可变转向助力

动态转向系统
可变转向齿比

加速踏板 / 发动机
可变动力输出特性

中央控制区

减振阻尼控制
可变阻尼比

运动型差速器
可变横向驱动力分配

奥迪A4轿车驾驶模式选项集成系统示意图

自动变速器
可变齿轮传递特性

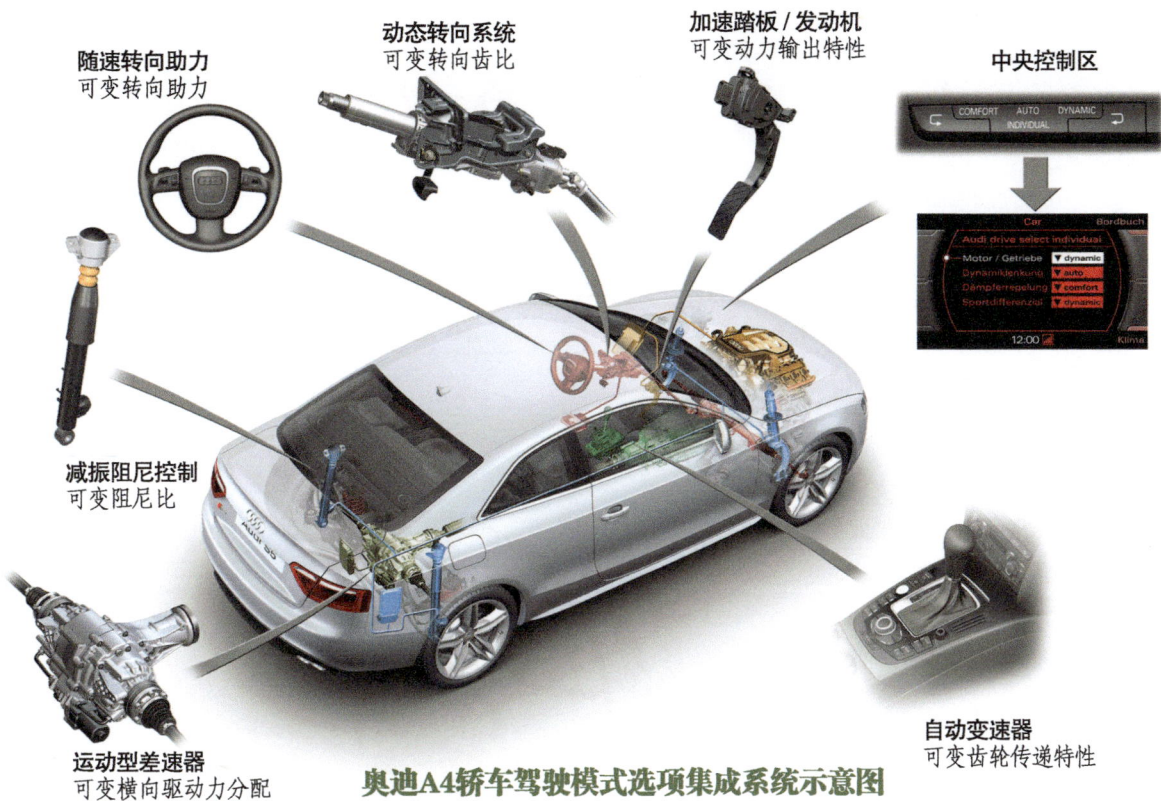

奥迪驾驶模式选项都可以改变哪些参数?

发动机:改变加速踏板响应性能和负载变化表现。

自动变速器:改变发动机转速的换档点。

转向助力:改变随速助力转向系统的转向力矩曲线。

转向比:根据道路行驶速度改变动态转向系统的转向比。

奥迪A4轿车驾驶模式操作面板示意图

第六章 车轮和轮胎

车轮 VS 汽车的脚

车轮是指用来支撑轮胎并安装在轴上的金属部件。它由轮辋、轮辐和轮毂三部分组成。现在的车轮都为一体式结构，其结构不再分得那么细，因此现在一般都将车轮统称为轮毂或轮圈。

车轮就像是汽车的脚，而轮胎则更像是汽车的鞋。

车轮一般由钢、合金等金属制成。钢车轮的主要优点是制造工艺简单，成本相对较低，抗金属疲劳能力强。它的缺点是重量大，惯性阻力大，散热性较差等。

合金车轮的优点是重量轻，制造精度高，强度大，惯性阻力小，散热能力强，视觉效果好等，缺点是制造工艺复杂，成本高。现在合金车轮主要有铝合金和镁铝合金两种。

轮辋　　　　　轮辐　　　轮毂

过去的车轮都由三部分组成，即外圈的轮辋、中间的轮毂，以及连接轮毂与轮圈的轮辐。现在的车轮基本都为一体式结构

轮胎 VS 汽车的鞋

轮胎是汽车最重要的部件。请注意,我说的是"最重要",它比发动机、变速器等都重要。发动机坏了可以不走了,但危险性并不大。而轮胎坏了,不仅不能行走,如在行驶中损坏,还会给人们带来生命危险。我们知道制动性能是汽车最重要的性能,其实制动力完全是靠轮胎与地面的摩擦产生的,没有轮胎就没有制动。因此,可以说驾乘人员的性命与轮胎息息相关。

所谓汽车的动力性和操控性,也都是通过轮胎实现的。没有轮胎的抓地力,就谈不上动力性和操控性。

汽车的舒适性也与轮胎有关。充气轮胎的发明,就是为了保证汽车的舒适性。

既然汽车的安全性能、动力性能、操控性能、舒适性能、制动性能都要看轮胎"脸色",那还有比轮胎更重要的汽车部件吗?

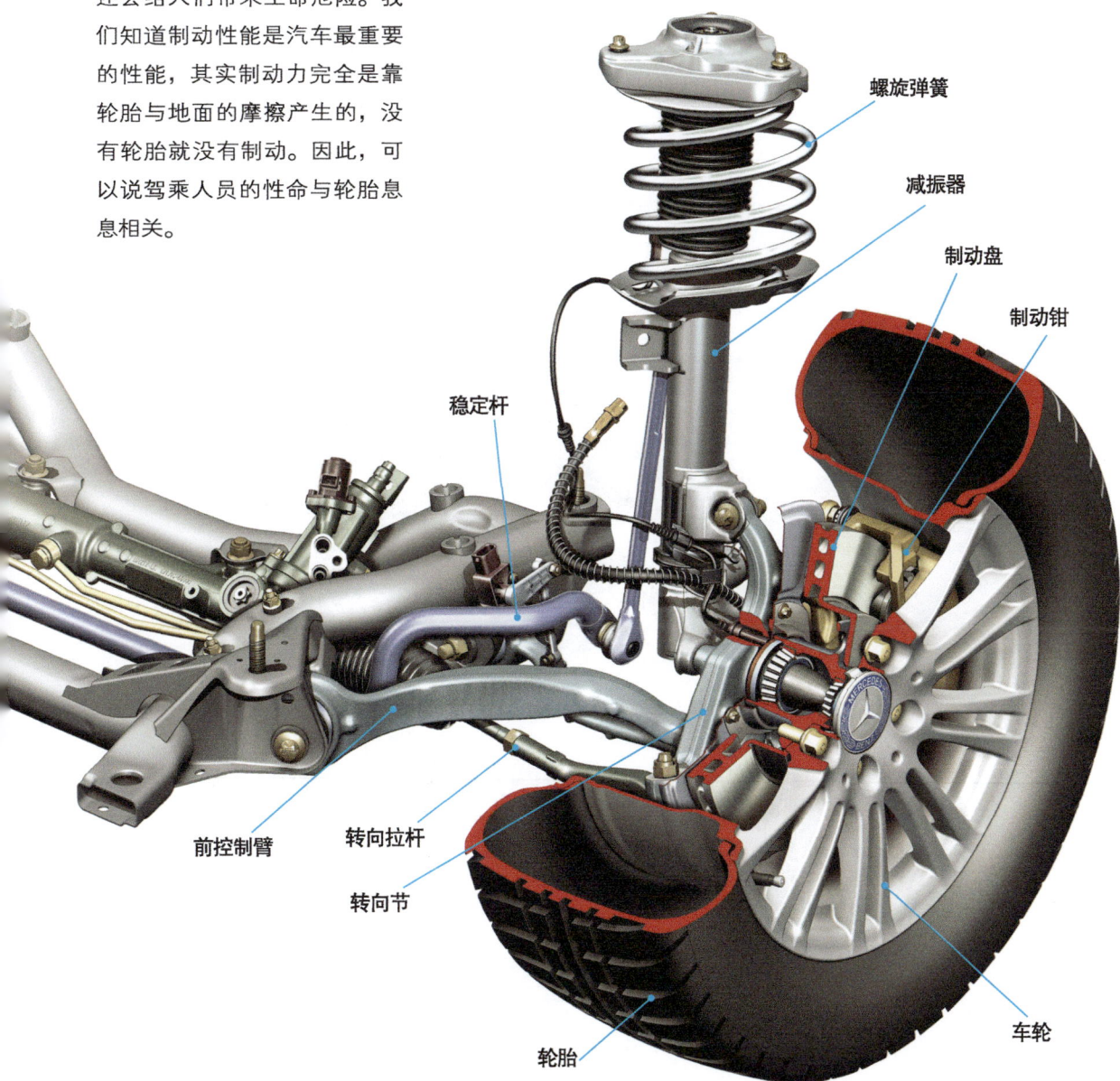

螺旋弹簧

减振器

制动盘

制动钳

稳定杆

前控制臂

转向拉杆

转向节

轮胎

车轮

鞋底 VS 胎面

汽车轮胎着地时的印迹大小，与成人一个鞋底的印迹差不多。

人们走路时就是依靠两个鞋底与地面的摩擦力前进的，因此鞋底都设计成花纹状，以增加与地面的摩擦力。当你向前走路时，实际上是在往后蹬地面。如果地面较滑，或者说鞋底与地面之间的摩擦力非常小，那么你就可能滑倒，不能前进。正是因为鞋底与地面有一个向后的较大的摩擦力，在作用力与反作用原理之下，地面给你一个同等大小的向前的反作用力，使你能够向前移动。

汽车行驶时也一样，每个汽车轮胎与地面的接触面只有一个鞋印大小，总面积是成人鞋底面积的两倍，但它们要承受相当于20个成人的重量，行驶速度则是成人的10倍以上。

一个轮胎的着地面积和成人的一个鞋印面积相当

轮胎接地面积与鞋底接地面积比较图

轮胎胎块 VS 轮胎沟槽

轮胎上的每个胎块和沟槽都不是随便设计的，每个胎块都是有分工的，它们各司其职。

最中间的胎块及两侧的肋块形成轮胎摩擦地面的主要区域，它们的作用就是要紧紧地抓住地面。

胎块和肋块之间的沟槽则起到排水的作用，当在雨水中行驶时，道路上的雨水可以通过这些沟槽及时排出去，以免在轮胎和地面之间形成一层水膜。一辆以100公里/小时速度行驶的汽车，每秒钟从轮胎下面要排出8升的雨水。

轮胎边沿上的细沟槽的作用则是可以让轮胎变形弯曲，以保证汽车的操控性能。

胎肩的作用是当汽车转弯时保证轮胎有足够的抓地性，因为此时胎肩也要接触地面。

轮胎上有非常细的沟槽，在干燥路面上行驶时，可以提高汽车的舒适性；而在雨水道路上行驶时，可以及时切破水膜，提高汽车的安全性。

因此，如果轮胎花纹比较细腻，沟槽也比较浅，而且比较扁平，那么它可能就是偏重运动特性的干燥轮胎；如果轮胎花纹较大，沟槽较深，那么就可能是雪地或冬季轮胎了。

大沟槽　胎块　肋块　细沟槽　胎肩

轮胎噪声是怎样产生的

轮胎的噪声来源于两个方面：一是轮胎凸起部分撞击路面的声音；二是轮胎沟槽内的空气先是被压缩，当辗压过后又被释放，这相当于爆破的气球，因此也会产生一个个爆破声。由于轮胎转速较快，听起来就是连续不断的声音。

轮胎排水量

轮胎上的沟槽主要是用于排水的，以保证在雨天行驶时轮胎仍拥有抓地力。据估算，一辆以100公里/小时的速度行驶的汽车，每秒钟从轮胎下面要排出大约8升的雨水。

轮胎花纹 VS 轮胎性能

各品牌汽车轮胎上的花纹花样百出，几乎没有重复。其实，每款车的轮胎的花纹都是根据车型定位而特别设计的。

单导向花纹

轮胎的花纹具有明显的方向性，一般为 V 字形。其特点是排水性能较佳，适用于中高级别轿车。

非对称花纹

轮胎的花纹左右不对称，对高速过弯时的操控性能极为有利，适用于运动性车型。

条形花纹

轮胎花纹呈条状，其特点是不易侧滑，噪声小，但制动性能一般，适用于普通轿车。

块状花纹

轮胎花纹相互独立，其特点是抓地力强，适用于越野车辆。

羊角花纹

轮胎花纹像是羊角，具有极强的抓地力和制动力，适用于工程车辆。

非对称花纹

块状花纹

羊角花纹

单导向花纹

条形花纹

轮胎及轮胎花纹

轮胎结构 VS 轮胎标识

轮胎的最外层是特别耐磨的厚厚橡胶层，正是它与地面直接接触，依靠它与地面的摩擦力才使汽车能灵活前进和转弯。

它上面的花纹主要是为了增进轮胎的排水功能，保证轮胎的抓地力。

在橡胶层下面是坚固而有弹性的钢丝束带，它能防止轮胎发生突然爆破现象。

在钢丝束带下面是支撑轮胎并起骨架作用的胎体，它对减小轮胎变形起较大作用。一般它也是由钢丝及其他材料制成的。

轮胎的标识主要有胎宽（毫米）、扁平比、轮辋直径（英寸）、负载指数和速度级数等。

轮胎结构示意图

胎肩　胎面　钢丝带束层　胎体　胎圈钢丝　胎侧

轮胎标识示意图

子午线轮胎　轮辋直径（英寸）　负载指数　速度指数　轮胎扁平比（％）　轮胎宽度（毫米）　轿车用轮胎　泥地和雪地

P225/60R16 98H M+S

胎高　胎宽　轮辋直径

$$\frac{胎高}{胎宽} = 扁平比$$

第七章 车身透视图

前置后驱 VS 迈巴赫

前翼子板

进气格栅

前保险杠

前照灯清洗喷嘴盖

制动钳

制动盘

迈巴赫轿车构造透视图

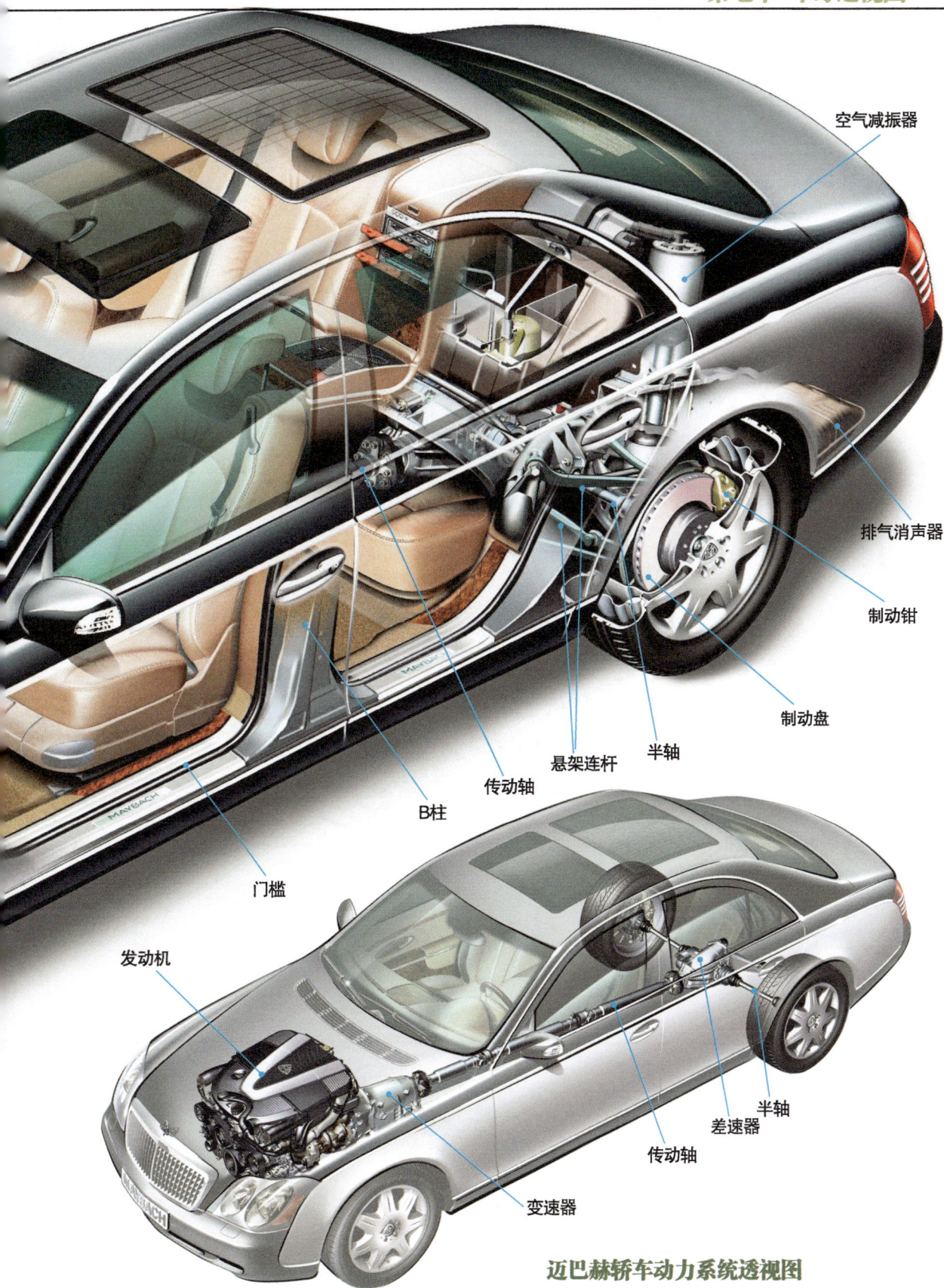

空气减振器

排气消声器

制动钳

制动盘

半轴

悬架连杆

传动轴

B柱

门槛

发动机

半轴

差速器

传动轴

变速器

迈巴赫轿车动力系统透视图

车身名称 **VS** 奔驰 C 级

车外后视镜 A柱

发动机

进气格栅

发动机散热器

保险杠

前照灯清洗喷嘴盖

雾灯

前照灯

通风式制动盘

奔驰C级轿车构造图

B柱

C柱

行李箱盖

侧围板

制动钳

制动盘

后悬架连杆

燃油箱

车门防撞梁

减振弹簧

减振器

转向传动轴

副车架

转向器

副车架

多连杆后悬架

稳定杆

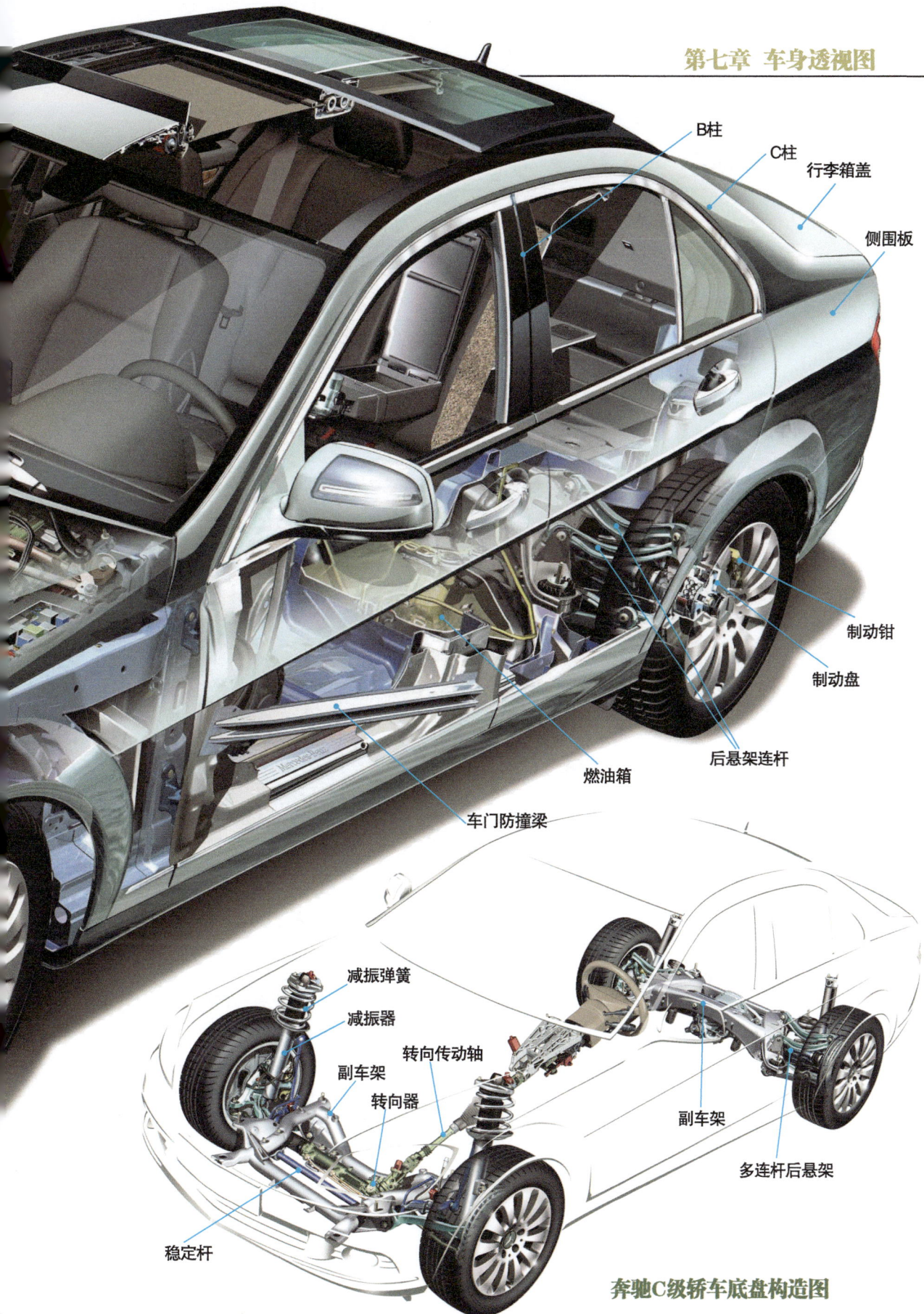

奔驰C级轿车底盘构造图

安全车身 VS 奔驰新 C 级

进气管

发动机

发动机和空调散热器

悬架连杆　　转向拉杆　　转向节

制动盘　　车轮

新款奔驰C级轿车构造图

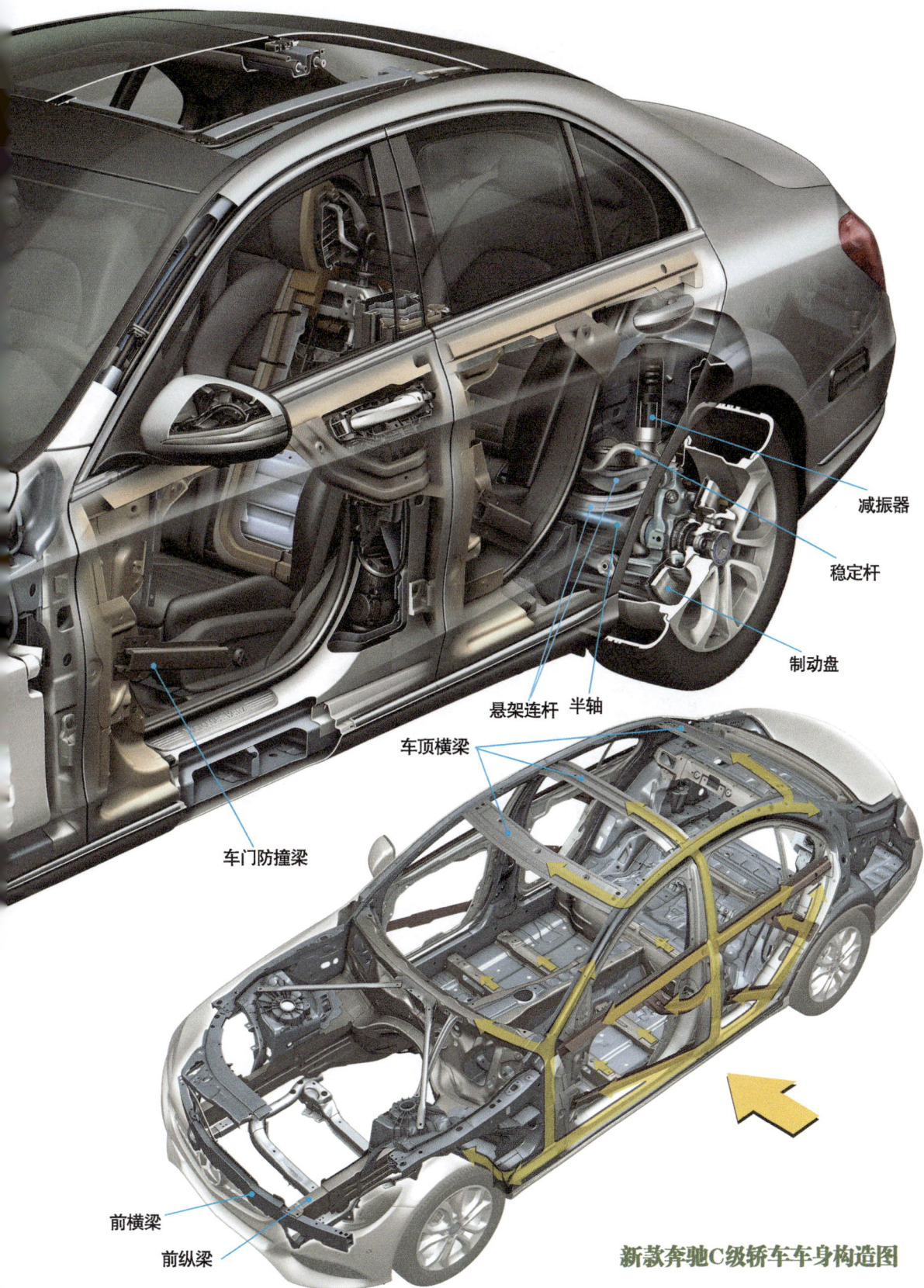

减振器

稳定杆

制动盘

悬架连杆　半轴

车顶横梁

车门防撞梁

前横梁

前纵梁

新款奔驰C级轿车车身构造图

轻量化车身 VS 奔驰 E 级

发动机和空调
散热器

风扇

悬架连杆

转向节

制动盘

制动钳

奔驰E级轿车构造图

天窗电动机

A柱加强筋

车门防撞梁

燃油箱

安全带拉紧器

悬架连杆

稳定杆

制动盘

制动钳

消声器

普通强度钢

高强度钢

现代高强度钢

超高强度钢

超高强度钢（热成型）

铝

塑料

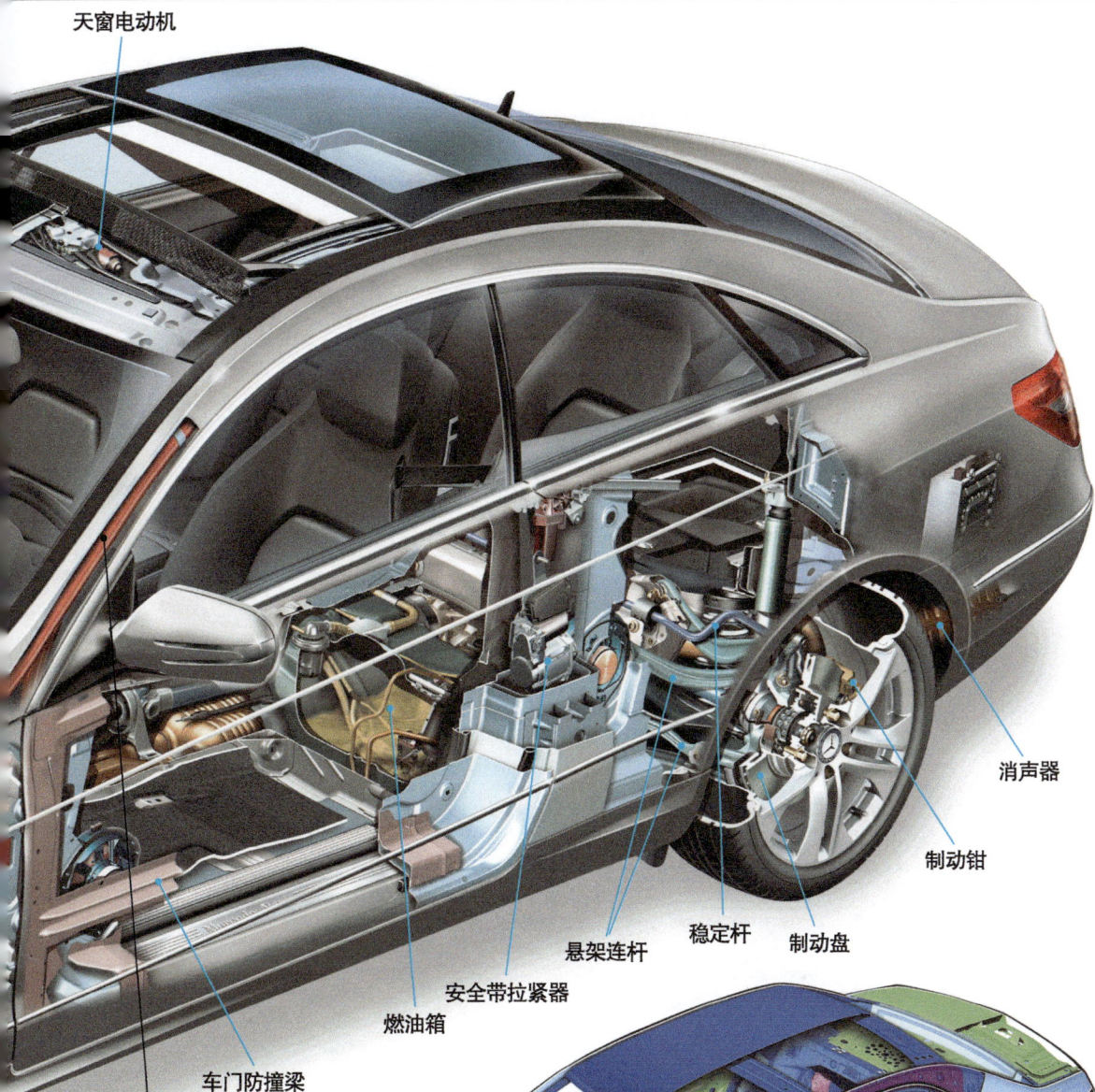

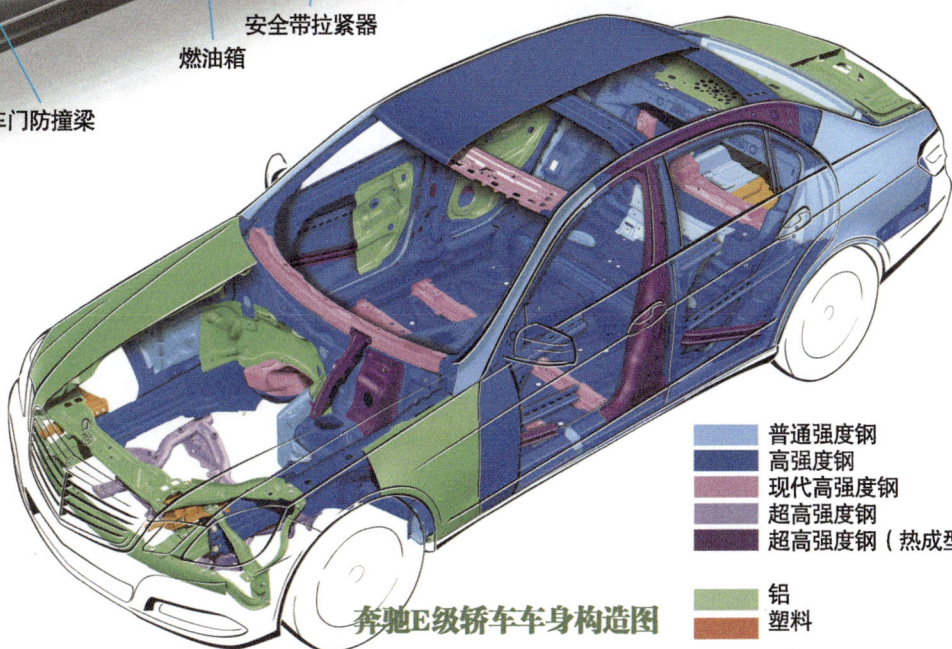

奔驰E级轿车车身构造图

安全车身 VS 奔驰 S 级

空气分配阀　　悬架连杆　　转向球头　　制动盘　　转向节

奔驰S级轿车整车透视图

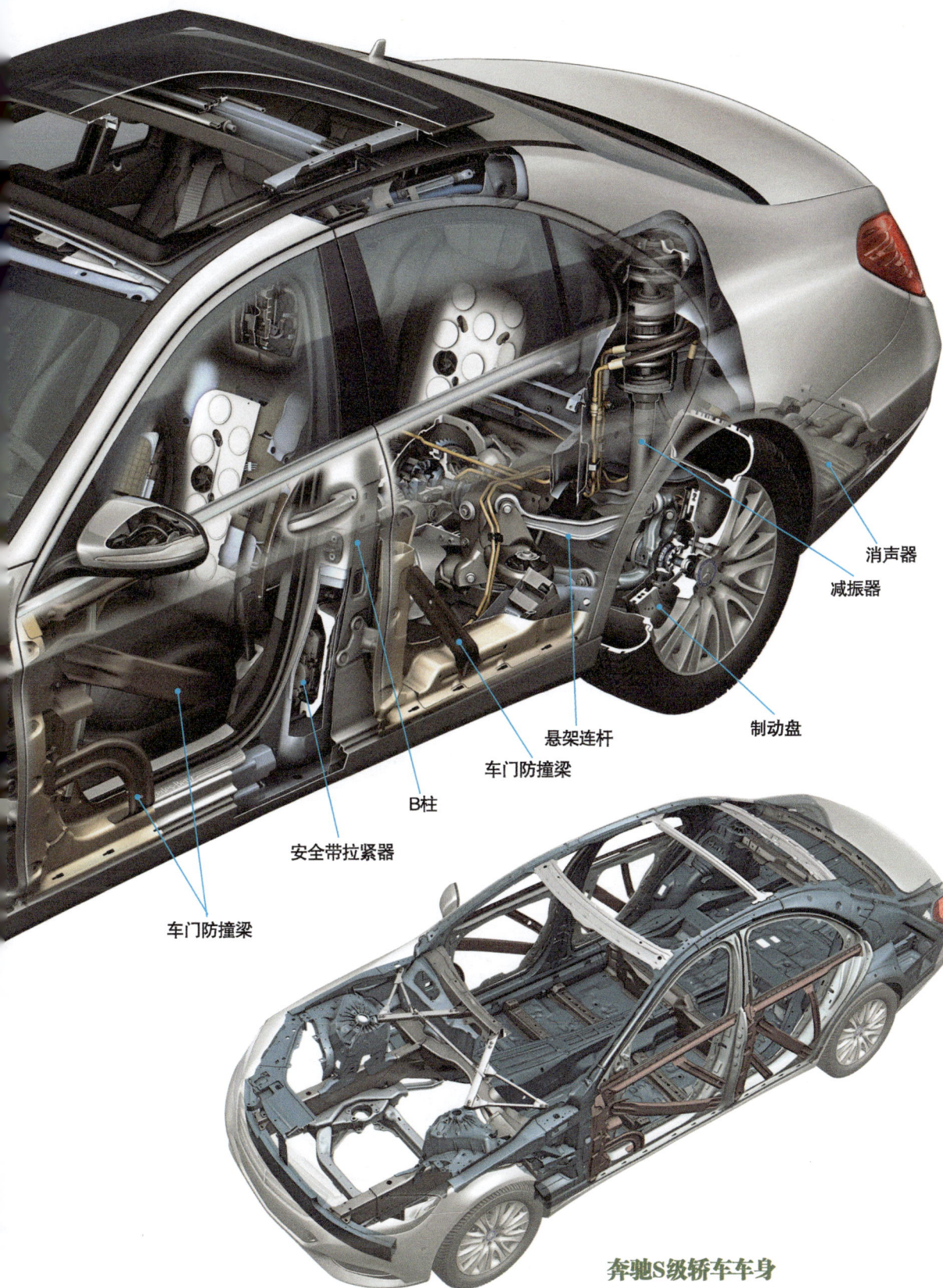

消声器

减振器

制动盘

悬架连杆

车门防撞梁

B柱

安全带拉紧器

车门防撞梁

奔驰S级轿车车身

安全车身 **VS** 宝马 5 系

车前部横梁

车前纵横梁

■ 采用超高强度钢作为车身
纵向和横向主要结构
■ 在车身特殊部位采用防撞加强梁
■ 在车前、车门和后部区域采用特别的吸能结构设计
■ 后部碰撞区域的吸能结构
■ 前后保险杠处的吸能结构

车门防撞梁

宝马5系轿车车身构造图

蓄电池

车尾纵梁

副车架

消声器

车尾横梁

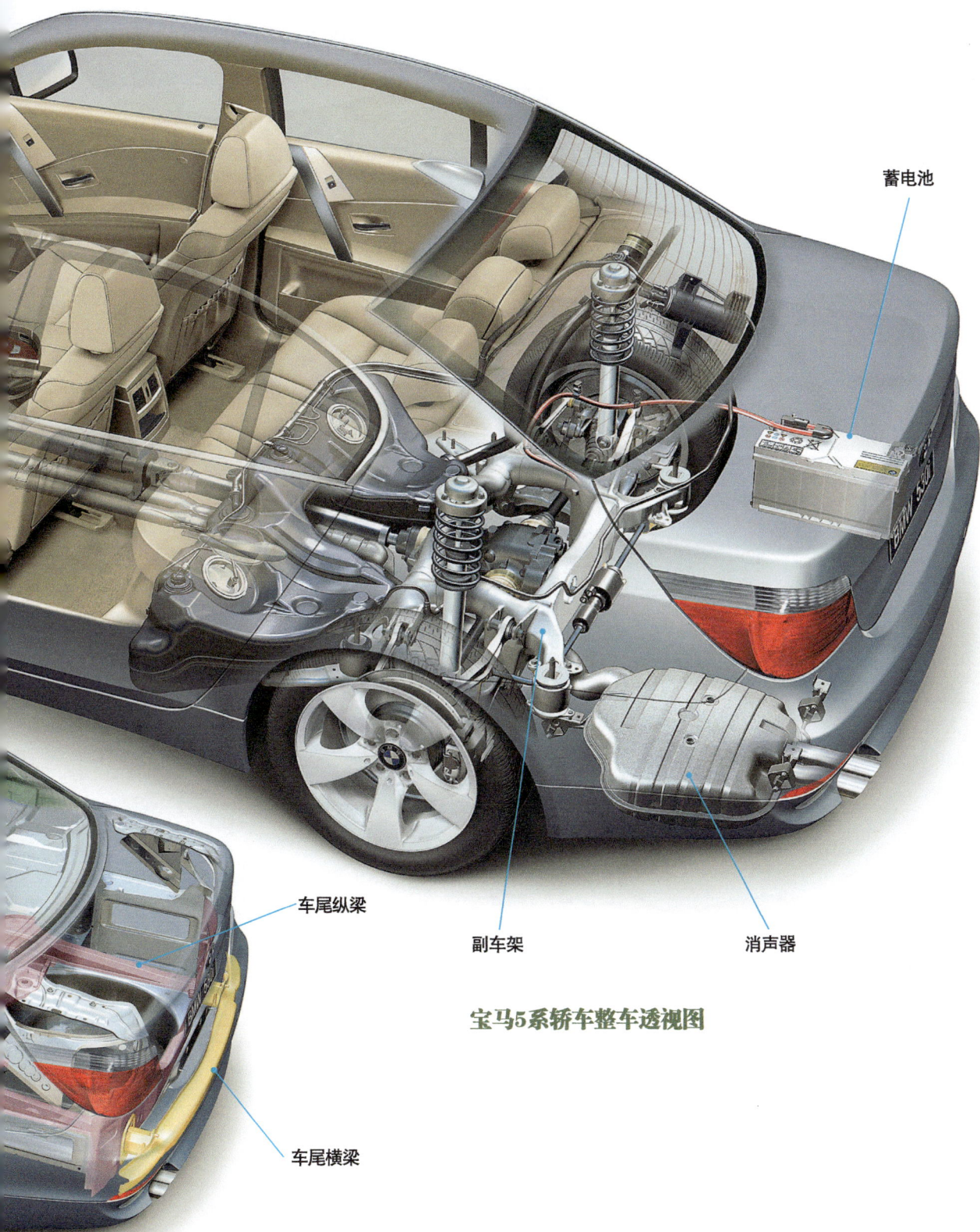

宝马5系轿车整车透视图

制动钳

散热器

真空助力器

制动总泵

减振器

车门防撞梁

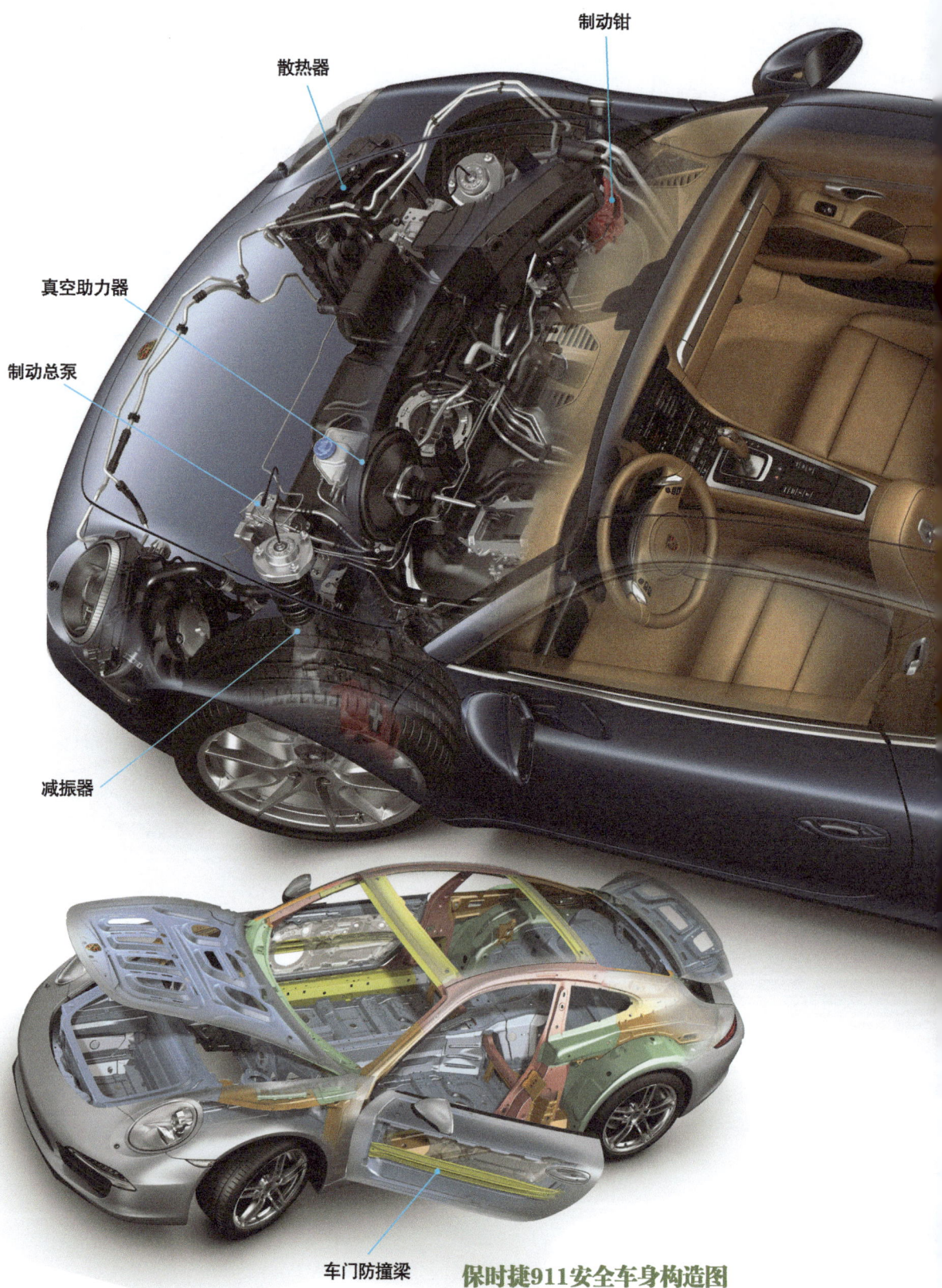

保时捷911安全车身构造图

安全车身 VS 保时捷 911

水平对置发动机

消声器

消声器

变速器

减振器

保时捷911跑车整车透视图

横置式发动机，发动机气缸横向排列

进气口

空气滤清器

前翼子板

减振器

半轴

转向拉杆

前差速器

三元催化转化器

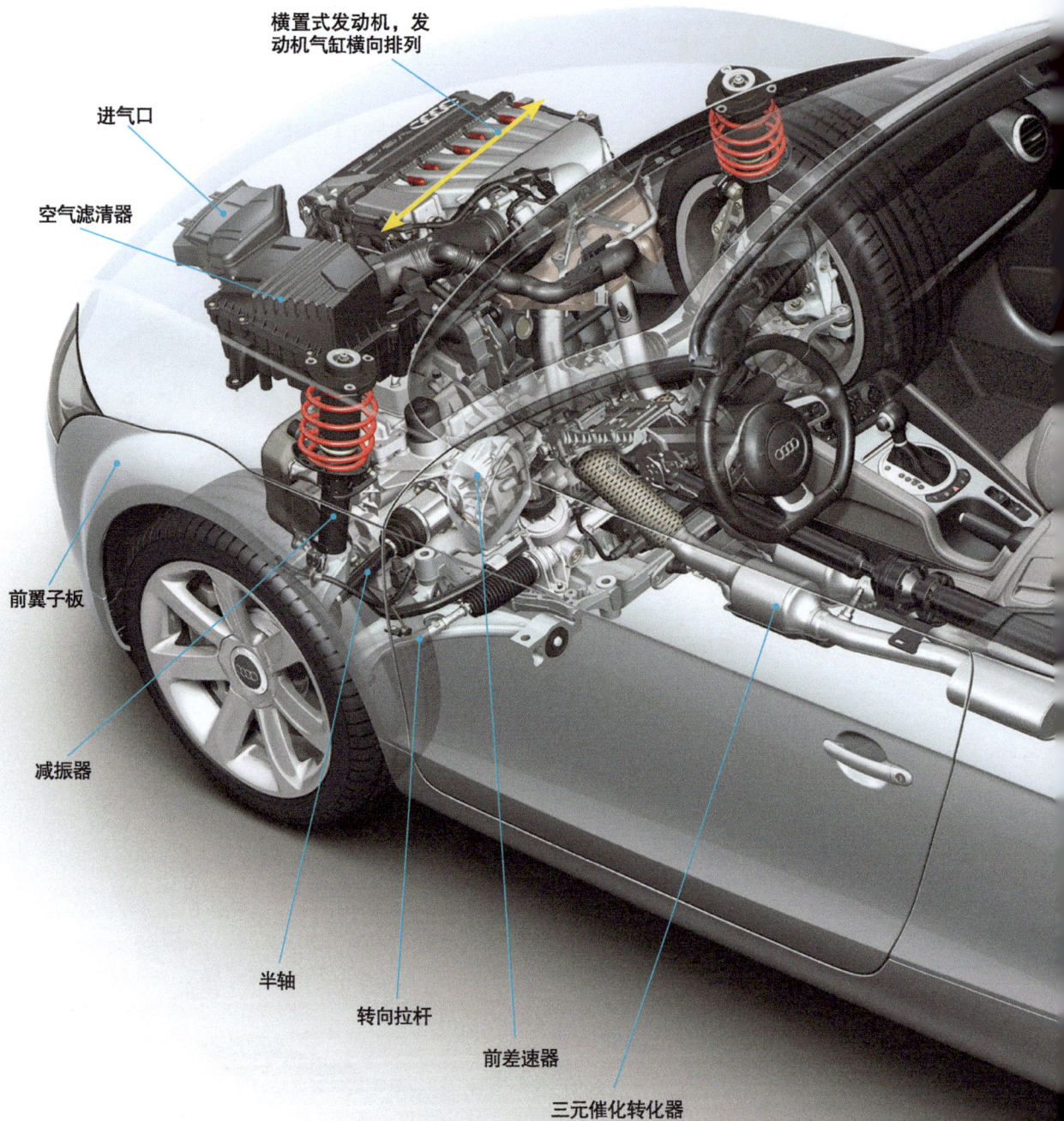

发动机横置、纵置

站在车头前面，打开汽车的发动机舱盖，如果看到发动机的气缸排列方向是左右方向，那么，就可以说此车发动机为横置；如果气缸排列方向为前后方向，那么就称为纵置。

一般前轮驱动的汽车大多采用横置式发动机布置，但像本页这种四轮驱动的汽车也采用横置式发动机，确实比较少见。这主要是因为奥迪TT四驱车是以前驱车为基础推出的。

横置发动机 VS 四轮驱动

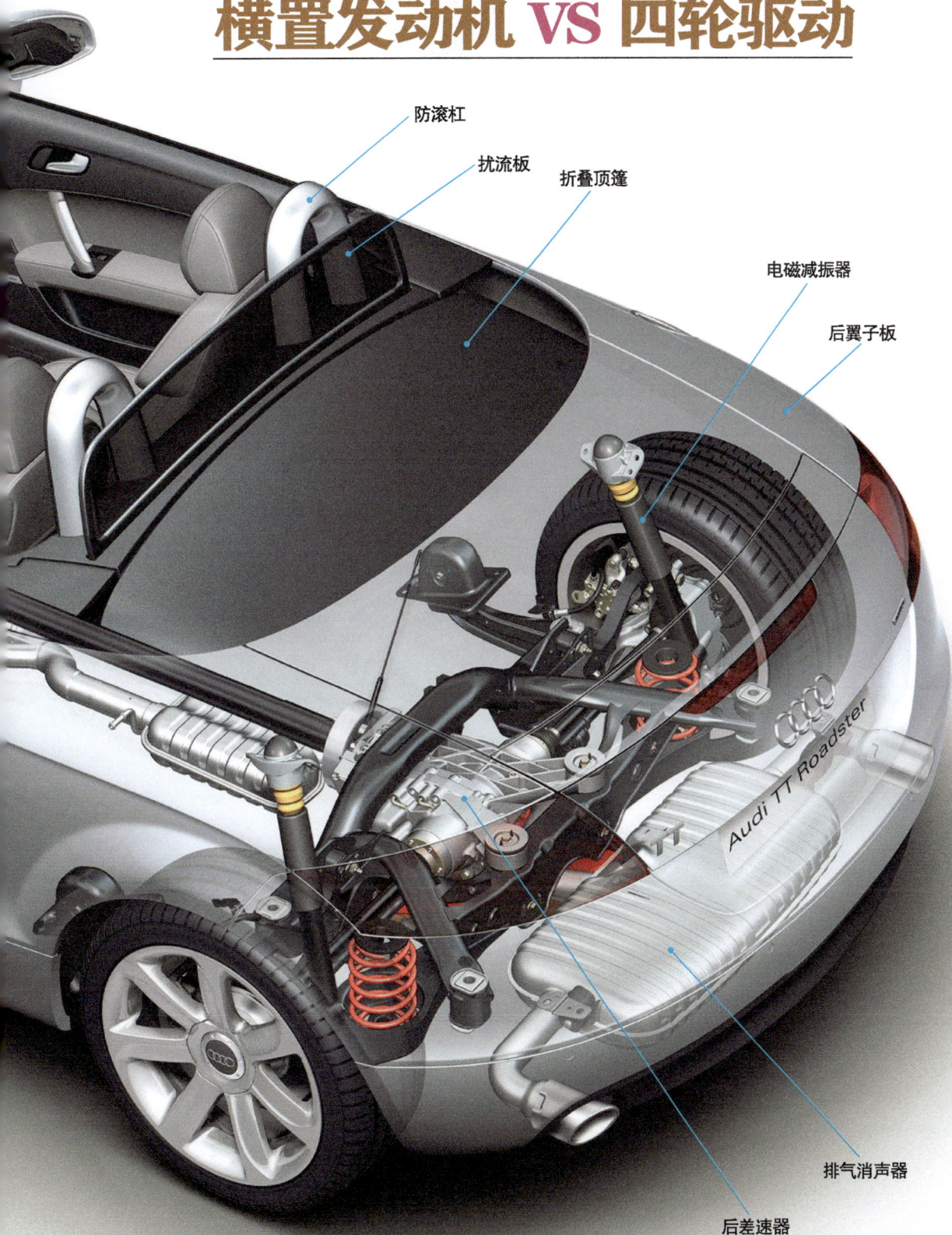

防滚杠

扰流板

折叠顶篷

电磁减振器

后翼子板

Audi TT Roadster

排气消声器

后差速器

奥迪TT敞篷跑车四驱款构造透视图

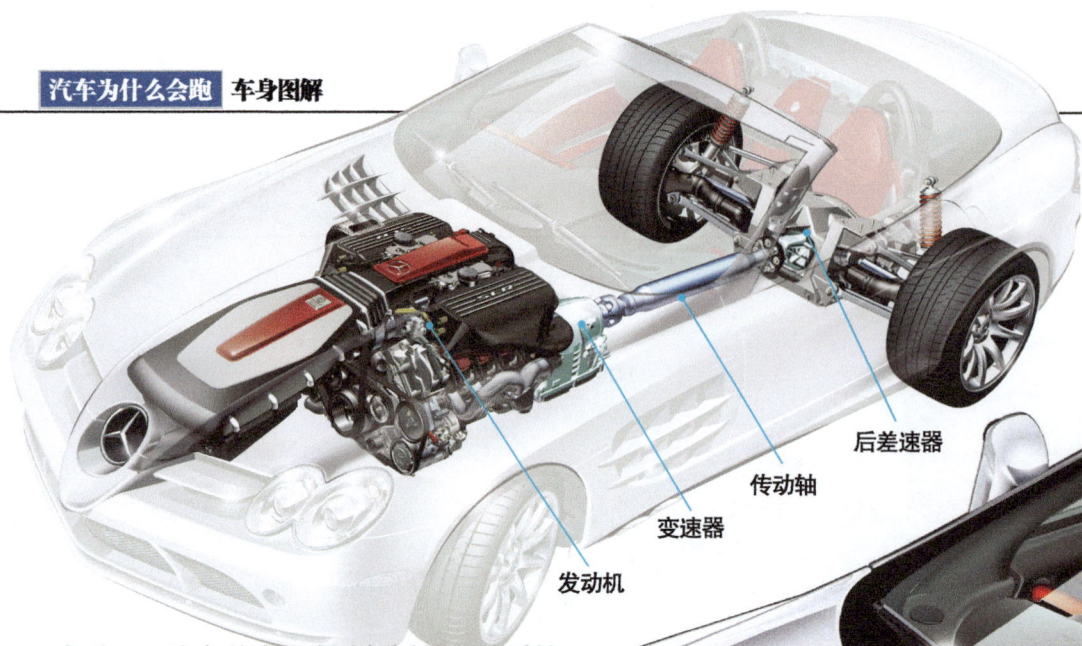

后差速器
传动轴
变速器
发动机

奔驰SLR跑车前中置发动机后轮驱动系统

奔驰SLR跑车构造透视图

前中置后驱 **VS** 奔驰 **SLR**

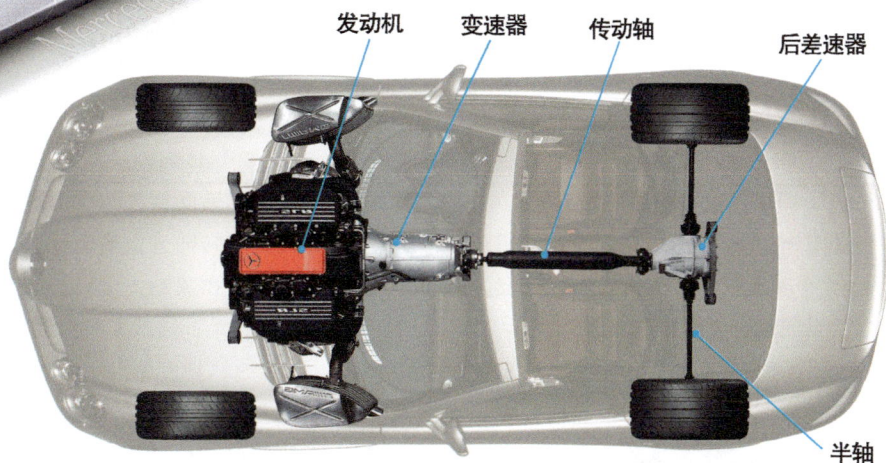

发动机　　变速器　　传动轴　　　　后差速器

半轴

奔驰SLR跑车前中置发动机后轮驱动系统

后中置后驱 VS 保时捷卡曼

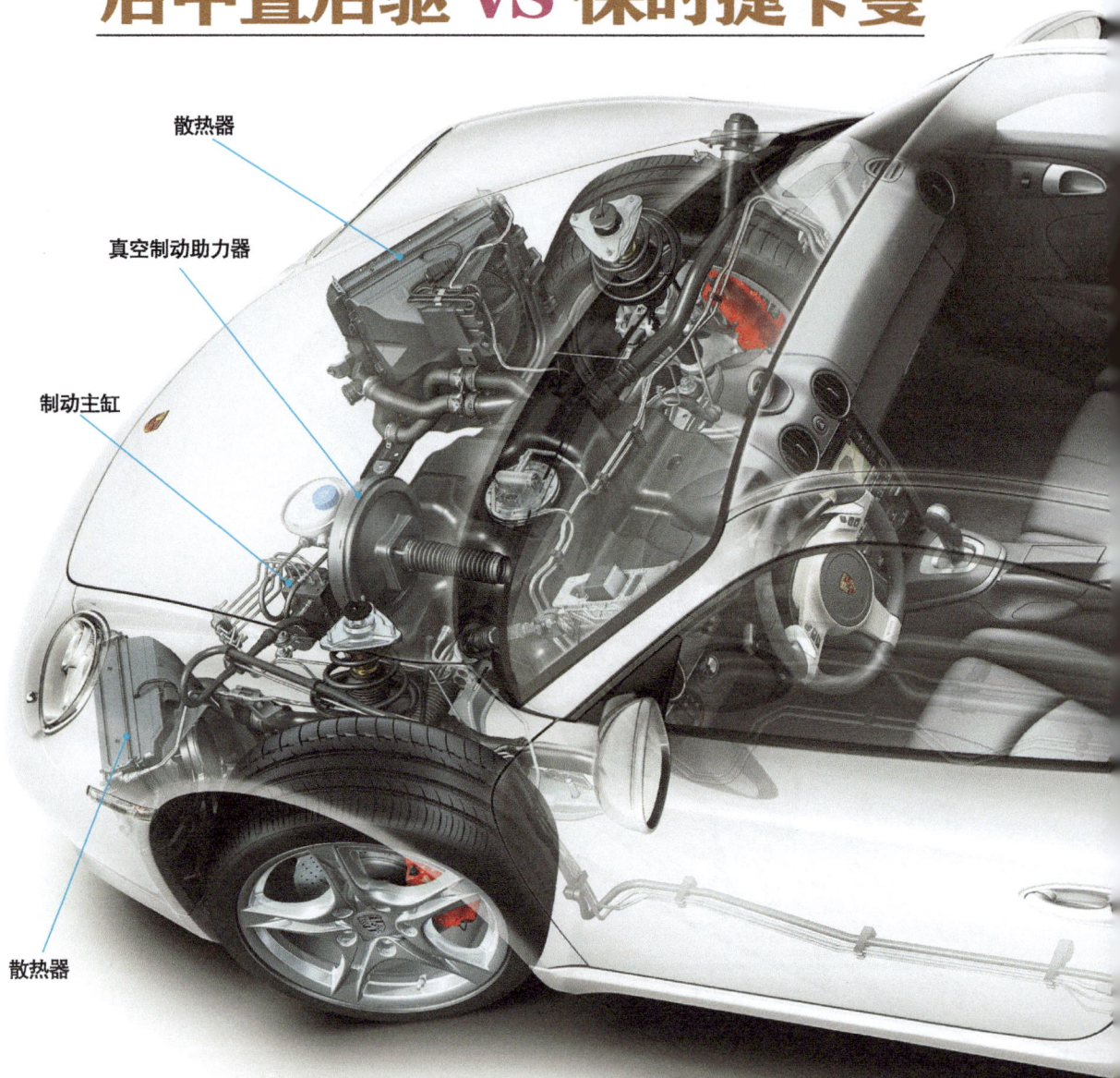

散热器

真空制动助力器

制动主缸

散热器

为什么跑车喜欢采用"后中置、后驱"方式？

　　许多跑车都喜欢把发动机放置在后轴的前方（即采用发动机后中置方式），并将后轮作为驱动轮。这与我们常见的发动机前置、前轮驱动的普通轿车布局方式正好相反。跑车之所以如此布局，主要有三大原因：

　　1）当汽车起步和加速时，汽车的重心后移，此时前轮的抓地力减小而后轮抓地力增大，因此利用后轮作为驱动轮会使汽车的加速性能更优越。

　　2）让前轮只负责转向而不再负责驱动，那么它的转向特性也会更稳定；反之，如果前轮既负责转向又负责驱动，那么前轮上所受到的转向力和驱动力之和，就很容易超出轮胎的附着力，从而造成车轮打滑。

　　3）把发动机布置在后轴前方，使其更接近车辆的中间位置，也就是使车辆的重心靠近中间，那么车辆在过弯或转向时，它的转向会更加灵活。

水平对置发动机

发动机进气口

变速器

排气消声器

保时捷卡曼 S跑车构造透视图

后置后驱 VS 保时捷 GT3 RS

发动机散热器

真空制动助力器

发动机中冷器

发动机散热器

什么是真正的"后置后驱"方式?

只有将发动机放置在后轴的后面,并采用后轮驱动的布局形式,才能称为真正的后置后驱(Rear engine Rear drive,简称RR)。由于这种布局形式过于独特,现在只有在保时捷911等高性能车型上才会采用。这种布局形式有三大特点:

1)起步和加速性能更优秀。发动机、变速器等重量集中于车辆后部,又采用后轮为驱动轮,那么在车辆起步和加速时,后轮上的强大抓地力就会得到充分的利用,发动机的动力就会得到淋漓尽致的发挥。

2)传动效率较高。由于发动机和驱动轮非常近,省去了前置后驱车型上那根长长的传动轴,动力传递更直接。

3)转向更灵敏。重量主要集中在车辆尾部,会使车头的重量减轻,前轮的负载更小,因此车头的转向就会变得异常灵活,方向盘的响应也会更快。

防滚架

发动机

扰流板

变速器

减振弹簧和减振器

悬架连杆

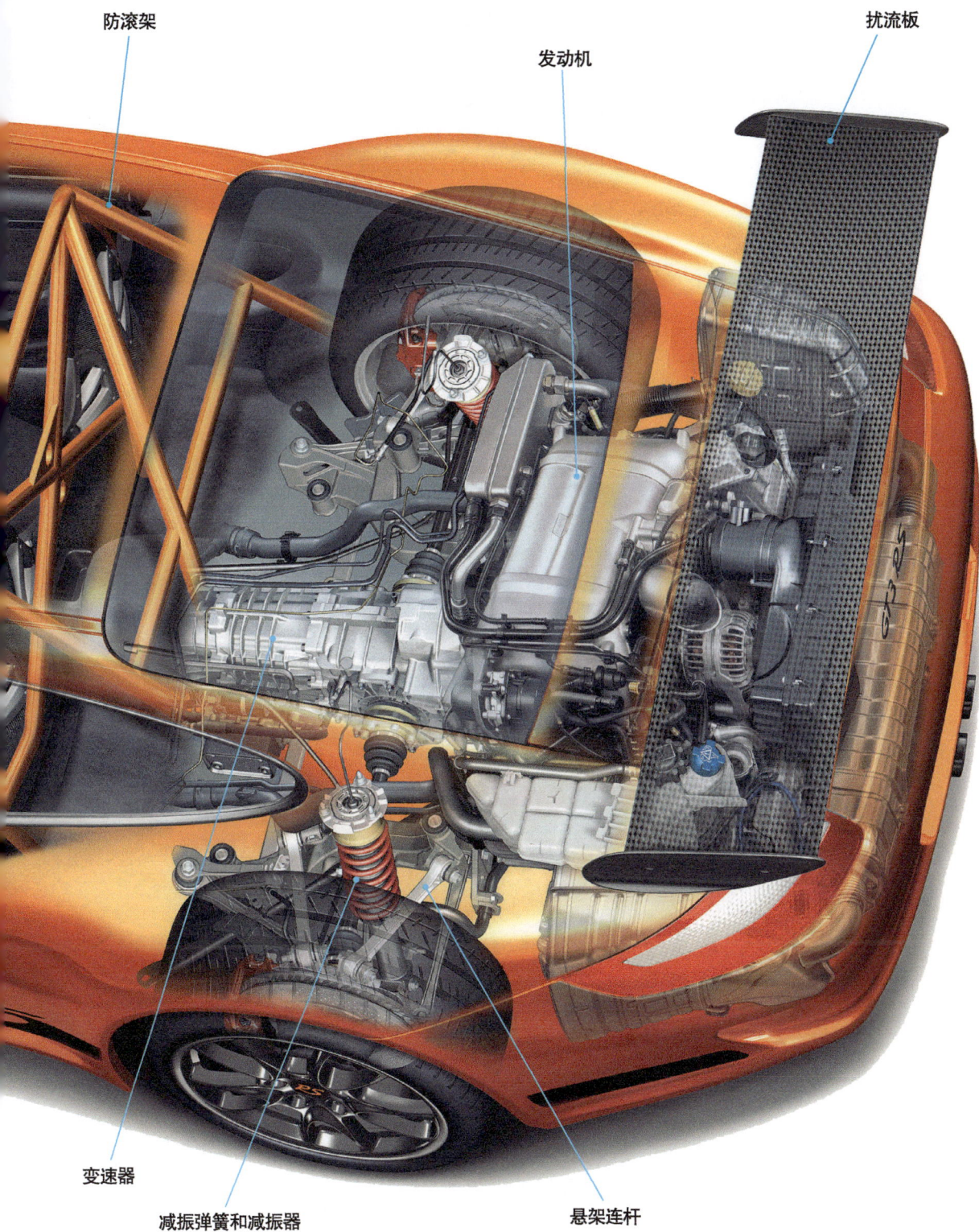

保时捷GT3 RS跑车构造透视图

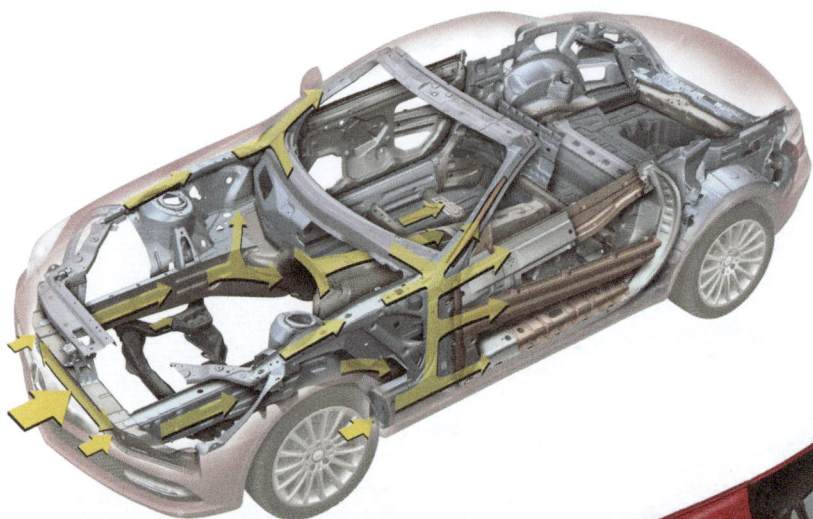

奔驰SLK跑车车身构造示意图

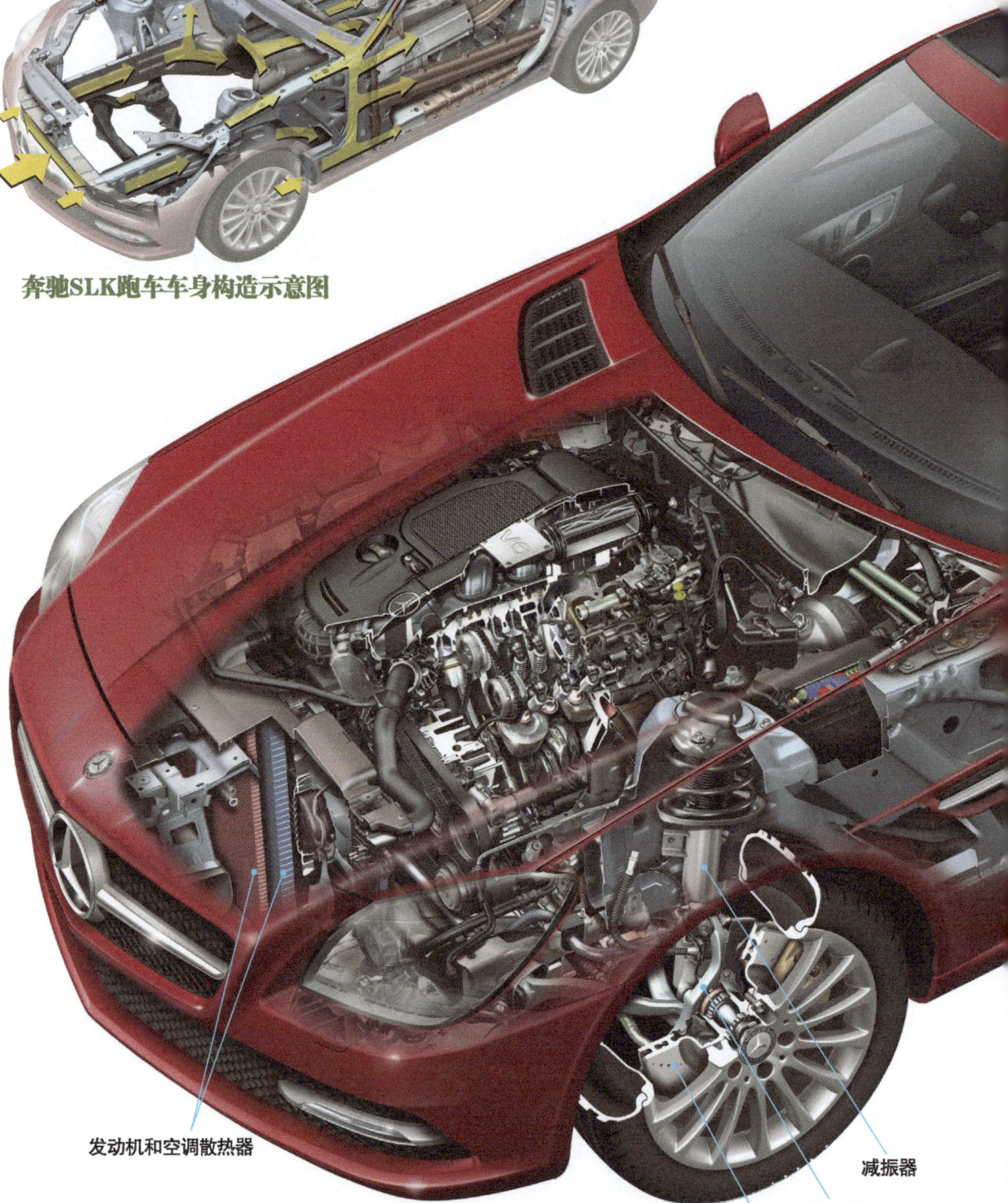

发动机和空调散热器

制动盘 转向节 减振器

奔驰SLK硬顶敞篷跑车构造透视图

硬顶敞篷 VS 奔驰 SLK

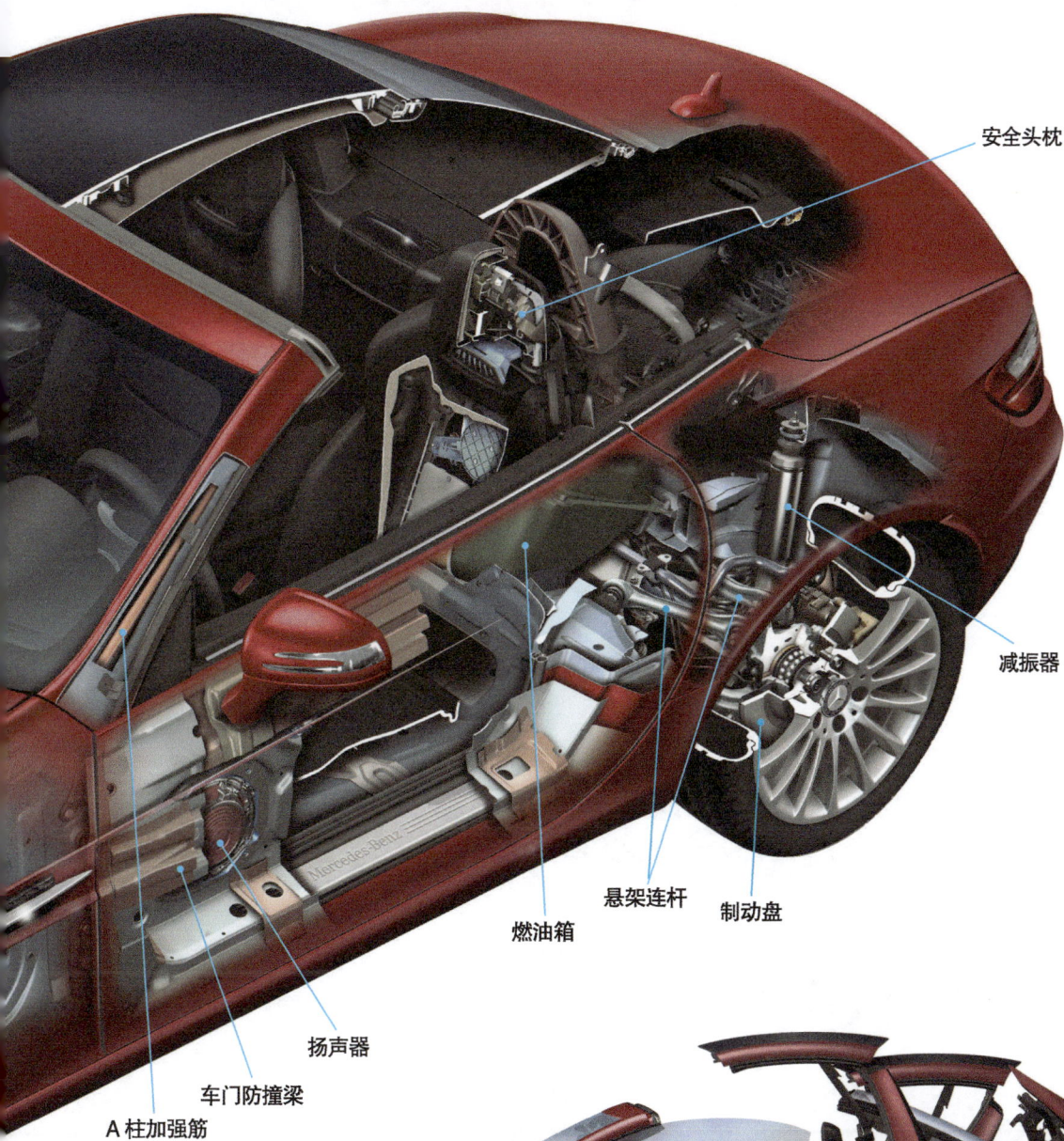

安全头枕

减振器

悬架连杆

制动盘

燃油箱

扬声器

车门防撞梁

A 柱加强筋

奔驰SLK跑车硬顶敞篷开启方式示意图

敞篷汽车 VS 奔驰 SL

发动机

制动主缸

散热器

Mercedes-Benz

制动钳

减振器

制动盘

奔驰SL硬顶敞篷跑车构造透视图

燃油箱

折叠后的顶篷

消声器

空气减振器

悬架连杆

制动钳

半轴

车门防撞梁

传动轴

A 柱加强筋

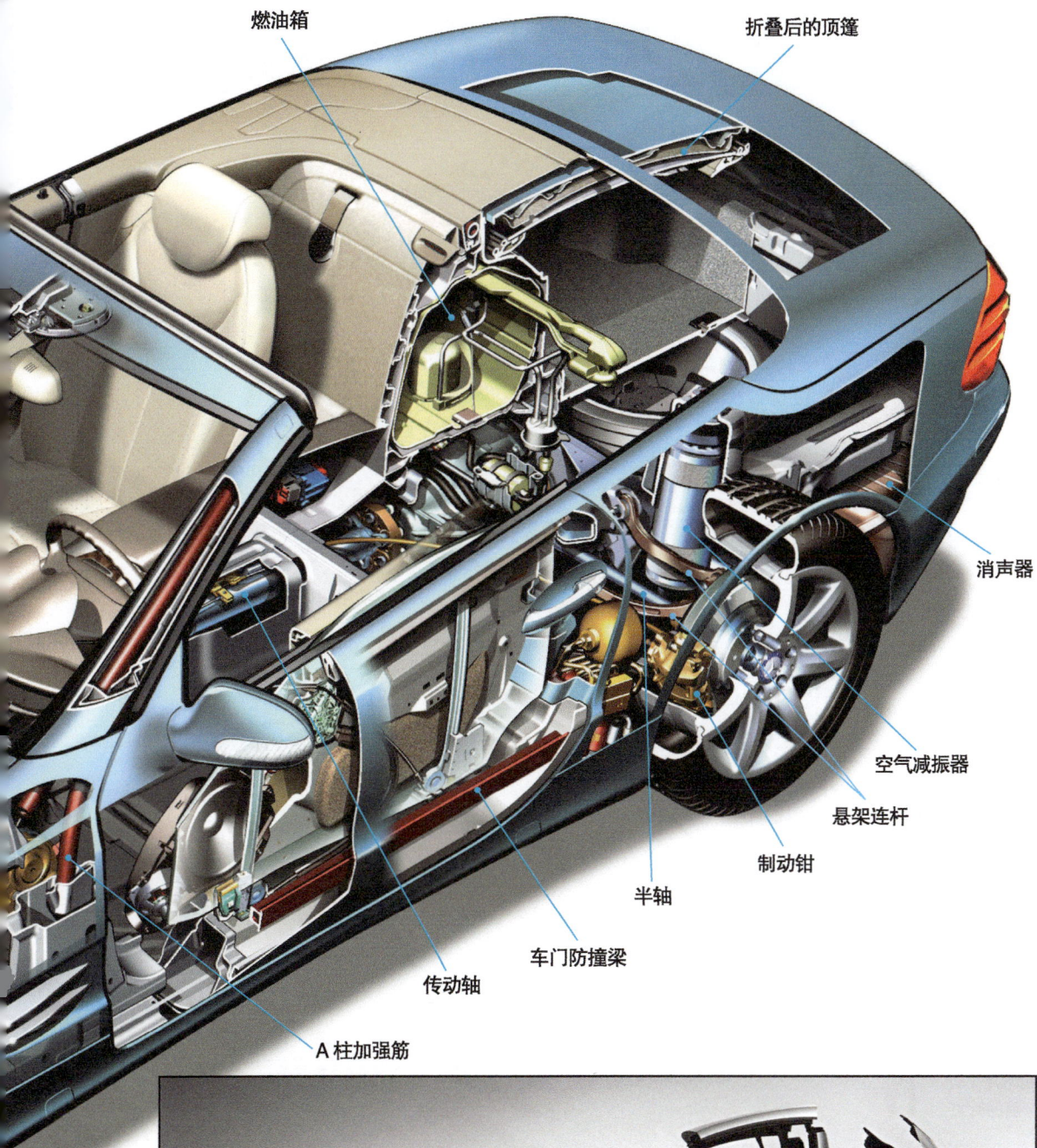

奔驰SL硬顶敞篷开启方式示意图

后置后驱 VS 微型车

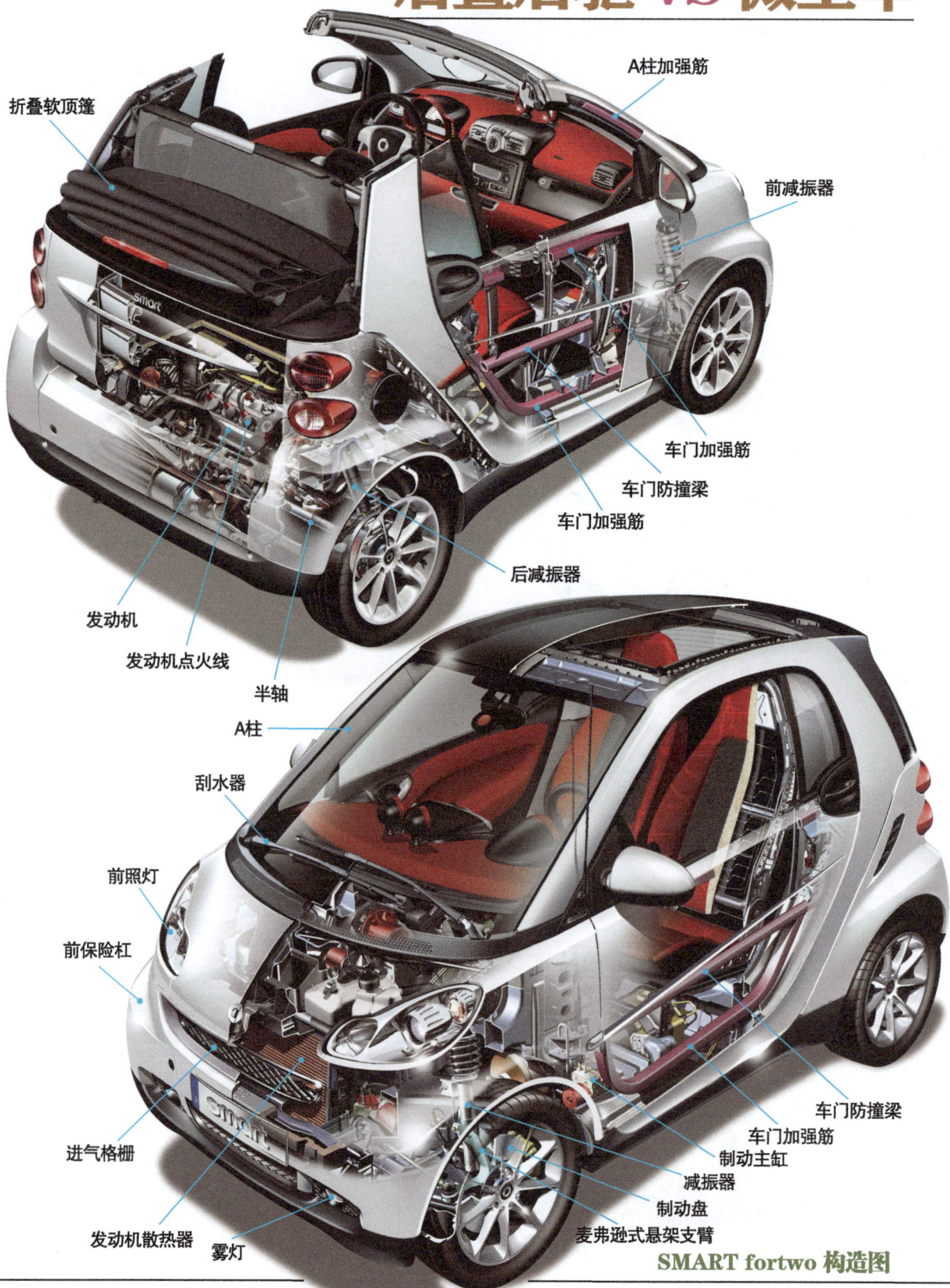

折叠软顶篷

A柱加强筋

前减振器

车门加强筋

车门防撞梁

车门加强筋

后减振器

发动机

发动机点火线

半轴

A柱

刮水器

前照灯

前保险杠

车门防撞梁

车门加强筋

制动主缸

减振器

制动盘

麦弗逊式悬架支臂

进气格栅

发动机散热器

雾灯

SMART fortwo 构造图